Des mêmes auteurs aux éditions Tut-Tut

Fous rires, 2017.

Journal intime de Jacques (et de Bernadette) Chirac, 2016.

Perles de Churchill, 2016.

Les meilleures répliques de cinéma aux toilettes, 2016.

Perles de Chirac, 2015.

Je médite (donc je suis) aux toilettes, 2014.

Les meilleures blagues débiles, 2014.

Tut-Tut est une marque des éditions Leduc.s. Découvrez toutes nos publications sur le blog Tut-Tut :
www.tut-tut.fr
Retrouvez toujours plus de blagues et d'histoires drôles sur notre page Facebook :
www.facebook.com/EditionsTutTut

Maquette : Émilie Guillemin
Illustrations : Olivier Ranson

29 boulevard Raspail
75007 Paris France
info@tut-tut.fr
ISBN : 978-2-36704-201-5

FRANÇOIS JOUFFA FRÉDÉRIC POUHIER

FOUS RIRES

2018

TUT-TUT

« Homme politique, c'est une profession où il est plus utile d'avoir des relations que des remords. »

Coluche

Introduction

Pour les amateurs de politique et d'humour, cette année 2017 aura été particulièrement riche : l'élection de l'imprévisible Donald Trump à la tête des États-Unis, le président Hollande préférant arrêter les frais, Juppé et Sarkozy mis en retraite anticipée, une élection présidentielle avec un casting totalement inédit et l'élection du plus jeune président français.

En comédie, le casting est aussi important que le texte et là, cette année, nous avons été servis ! Un jeune premier, ancien banquier, et son improbable ami Bayrou, François Fillon, sa femme, ses enfants et ses costumes à 10 000, Benoît Hamon, dans le rôle du capitaine du *Titanic PS*, un berger fêlé, un complotiste, un communiste en tee-shirt et un Mélenchon plus en forme que jamais. Même Francis Veber, l'auteur, entre autres, du *Dîner de cons* et de *La Chèvre*, n'aurait pas imaginé un scénario aussi rocambolesque, à la différence près que dans ce dîner de cons électoral, il n'y avait pas qu'un seul François Pignon.

Trump, Fillon, Le Pen, Macron, Hamon, ce sont autant de personnages que vous retrouverez au fil des pages de ce livre, histoire de rire un peu à leurs dépens. Et puisque la réalité est souvent aussi drôle que la fiction, nous vous avons compilé les perles les plus drôles des primaires et de la présidentielle. Ils se sont bien moqués de nous cette année, c'est à notre tour de rire d'eux.

F. P.

Déjà des regrets ?

Deux amis discutent de politique à un comptoir de bistrot :

– Finalement François Hollande, je l'aimais bien. Je trouve qu'on a été trop durs avec lui.

– Ah bon ? Qu'est-ce qui te fait dire ça ?

– Valls, Macron, Fillon, Mélenchon, Hamon, Le Pen…

Un président précoce

Pendant la campagne présidentielle, Emmanuel Macron visite un collège, il demande à un élève de troisième :

– Tu as des enfants ?

– Heu, non, répond l'ado, je suis bien trop jeune.

– Moi à ton âge, répond le président, j'avais déjà une femme et des petits-enfants.

La différence

Quelle est la différence entre une bonne gueule de bois et la présidence de François Hollande ?

La gueule de bois dure moins longtemps.

Mais que fait le ministre du Travail ?

Savez-vous pourquoi il est pratiquement impossible d'avoir un CDI quand on travaille dans les pompes funèbres ?

Parce qu'on est toujours en période décès.

Pas très classe !

Deux amis discutent :

– Tu as déjà fait l'amour dans un lieu public toi ?

– Oui.

– Où ça ?

– Dans le cul de ta femme !

Calendrier

À quelle date fête-t-on les impuissants ?

À la Saint-Pas-Trique.

Comme Sarko

Deux copains discutent politique dans un bistrot :

– Sarkozy à chaque fois qu'il perd, il annonce qu'il arrête définitivement… On dirait moi quand je prends une cuite.

En campagne !

Alain Juppé est en campagne pour les primaires de la droite, il décide de débuter par une tournée des maisons de retraite de Bordeaux.

Il arrive dans le parc d'une de ces maisons charmantes, où l'on abandonne ses parents et grands-parents au nom du malthusianisme le plus élémentaire, et se lance dans une grande séance de poignées de main. Et il arrive devant une petite mémé fort chenue, à laquelle il fait la bise devant des photographes qui passaient par hasard, et à laquelle il dit :

– Vous allez bien, madame ? On s'occupe bien de vous ici ?

– Oui oui, pas de problème, mon brave monsieur. Tout va bien…

– Et vous savez qui je suis ?

– Non, mais faites comme moi, allez au bureau d'accueil, ils vous le diront…

Le saviez-vous ?

Jules César fumait en cachette des Gauloises.

Pire que les Kardashian

– Maman, c'est quoi un travesti ?

– Tu vois ton père ?

– Oui.

– Eh bien, c'est moi.

JE NE SUIS NI DE GAUCHE, NI DE DROITE...
JE SUIS PRÉSIDENT.
Ranson

Crise de la soixantaine

Après trente-cinq ans de mariage, j'ai regardé ma femme et lui ai dit :

– Chérie, il y a trente-cinq ans, on avait un petit appartement, une vieille voiture, on dormait sur le canapé en regardant une télé en noir et blanc de 41 centimètres, mais je dormais avec une jeune blonde de 25 ans... Maintenant, on a une maison à 300 000 euros, une Mercedes à 50 000 euros, un lit avec un matelas à eau, une télé couleur écran plat de 130 centimètres, et je dors avec une vieille de 60 ans.

Ma femme qui est très vive d'esprit m'a dit :

– Tu as juste à te trouver une jeune blonde de 25 ans, et mon avocat fera en sorte que tu te retrouves dans un petit appartement, avec une vieille voiture, et que tu dormes sur un canapé en regardant ta télé noir et blanc de 41 centimètres.

DICTIONNAIRE 2018

Batterie : celle de votre smartphone se décharge encore plus vite qu'un éjaculateur précoce.

Une blague qui va faire rire le Medef

Un patron convoque un de ses employés :

– J'ai une promotion à vous annoncer !

– Fantastique !

– Oui, enchaîne le patron, je fais – 50 % sur les effectifs !

Sheba

Une blonde demande à une brune :

– Ça mange quoi un chat ?

– Sheba, répond la brune.

– Pourtant t'en as un. Tu lui donnes quoi à ton chat ? insiste la blonde.

– Sheba !

– Eh ben, répond la blonde, tu es vraiment trop conne quand tu es enrhumée !

C'est étrange

DSK n'a pas participé aux préliminaires de la gauche.

Orthographe

Un instituteur interroge ses élèves :

– Dis-moi Léo, qu'est-ce que tu as fait pendant la récréation ?

– J'ai joué au football, monsieur.

– Léo, viens au tableau. Si tu arrives à écrire « football » correctement, tu auras un 20 en orthographe.

Le jeune garçon s'exécute.

– Parfait Léo, je te mets un 20. Et toi Éric, qu'as-tu fait pendant la récréation ?

– J'ai joué au football avec Léo.

– Éric, viens au tableau. Si tu arrives à écrire « ballon » correctement, tu auras un 20 en orthographe.

Le jeune garçon va écrire ballon au tableau.

– Parfait Éric, je te mets un 20. Et toi Mohamed, qu'as-tu fait pendant la récréation ?

– Je voulais jouer avec Éric et Léo au football, mais ils n'ont pas voulu jouer avec moi parce que je suis arabe !

– Mais quelle horreur ! s'indigne l'instituteur, c'est la manifestation d'une discrimination intolérable d'un groupe ethnique minoritaire dont l'intégration sociale ne doit pas être remise en cause dans une école laïque et républicaine ! Mohamed, viens au tableau et si tu écris correctement : « manifestation d'une discrimination intolérable d'un groupe ethnique minoritaire dont l'intégration sociale ne doit pas être remise en cause dans une école laïque et républicaine », tu auras toi aussi un 20 !

Macron économie

Quelle est la différence entre Emmanuel Macron et une machine à laver ?

Une machine à laver a bien plus de programmes.

Sacré Jean !

Deux amis discutent :

– Tu vas où ?

– Je vais au spectacle de Jean Lassalle.

– Tu veux dire au meeting ?

– Non, non.

Fable : « Le vieux chien, le léopard et le singe »

Un jour, un chien part à la chasse aux papillons et s'aperçoit qu'il s'est perdu. Errant au hasard, en tentant de retrouver son chemin, il voit un léopard courir vers lui avec l'intention visible de faire un bon repas. Le vieux chien pense :

– Oh, oh ! Je suis vraiment dans la merde, là !

Remarquant les quelques os d'une carcasse qui traîne sur le sol à proximité, il se met aussitôt à mâcher les os, tournant le dos au léopard qui approche.

Quand celui-ci est sur le point de lui sauter dessus, le vieux chien s'exclame haut et fort :

– Ouais, ce léopard était vraiment excellent ! Je me demande s'il y en a d'autres, par ici ?

En entendant cela, le jeune léopard interrompt son attaque en plein élan, il regarde le chien avec effroi, et s'enfuit en rampant sous les fourrés.

– Ouf ! soupire le léopard, c'était moins une. Ce vieux chien a failli m'avoir !

Cependant, un singe qui avait observé toute la scène d'une branche d'arbre à proximité se dit qu'il pourrait mettre à profit ce qu'il sait en négociant avec le léopard et obtenir ainsi sa protection.

Il part donc le rattraper, mais le vieux chien, le voyant courir à toute vitesse après le léopard, réalise que quelque chose doit se tramer.

Le singe rattrape le léopard, lui dévoile le pot aux roses en lui proposant un marché. Le jeune léopard est furieux d'avoir été trompé :

– Viens ici le singe, monte sur mon dos, et tu vas voir ce qui va arriver à ce petit malin !

Le vieux chien voit le léopard accourir avec le singe sur son dos et s'inquiète :

– Que vais-je faire maintenant ?

Mais au lieu de s'enfuir, le chien s'assied dos à ses agresseurs, faisant semblant une fois de plus de ne pas les avoir vus, et juste au moment où ils arrivent à portée de voix, il s'exclame :

– Où est donc ce foutu singe ? Ça fait une heure que je l'ai envoyé me chercher un autre léopard !

Moralité : on ne plaisante pas avec les vieux de la vieille. L'âge et la ruse arriveront toujours à triompher de la jeunesse et de la force…

L'astuce et l'esprit viennent seulement avec l'âge et l'expérience…

Je ne suis nullement en train d'insinuer que vous êtes vieux, c'est juste que d'autres sont plus jeunes.

E.T.

D'après une étude de la NASA, 100 % des extraterrestres refusent de venir sur Terre par peur d'être contaminés par notre connerie.

Témoignage

« Je n'aime pas trop les gens qui font des insinuations, si vous voyez ce que je veux dire… »

Jalouse

À l'Élysée, Valérie Trierweiler est si jalouse que, dès que François Hollande rentre à la maison le soir, elle inspecte minutieusement son costume. Si elle ne trouve aucun cheveu sur ce dernier, elle lui dit :

– Ça c'est trop fort ! Alors maintenant, François, tu me trompes avec une femme chauve !

Au taquet

Un collaborateur de DSK lui dit :

– Monsieur le président du FMI, j'espère que vous suivez toutes les directives que nous dénichons pour vous.

– Hun ! grogne DSK en se réveillant. DES NICHONS ? Où ça, des nichons ?

Ah les filles !

Sur Facebook, il y a deux types de filles :

1. Celles qui espionnent la vie de leurs ex.

2. Les menteuses qui refusent de l'avouer.

La révolution ne sera pas télévisée

Deux patrons du CAC40 discutent :

– Parfois, je me dis que les gens vont se rendre compte de l'arnaque de la mondialisation, de la finance, du chômage… qu'ils vont faire la révolution. Puis, je me souviens que les gens regardent Hanouna.

Primaire déprimante

Deux militants socialistes discutent dans un bistrot :

– Réunir autant de Français nuls pour choisir le nul qui va perdre : on dirait la primaire de l'Eurovision.

Elles me manquent

Un homme est étendu depuis près d'une heure à côté de sa nouvelle petite amie, après une relation sexuelle des plus torrides. Pendant tout ce temps, sa petite amie lui tripote les roubignoles. Il remarque qu'elle semble tout particulièrement apprécier cette partie de son intimité. Tout en profitant des caresses, le gars se tourne vers elle et lui demande :

– Pourquoi aimes-tu autant faire ça ?

Elle lui répond :

– Depuis mon opération, les miennes me manquent…

Grosse incompréhension

Deux copains discutent :

– Tu as l'air soucieux, tu as des problèmes au bureau.

– Oui, tu ne connais pas un bon avocat ?

– Si, pourquoi ?

– À cause d'une grosse incompréhension entre ma collègue de travail et moi.

– Qu'est-ce que tu appelles une grosse incompréhension ?

– Disons qu'elle m'a proposé de me décharger sur elle…

C'EST UN PEU MON FILS SPIRITUEL.
AH, PARDON ! QUESTION TRAHISON, C'EST DE MOI QU'IL TIENT !
Ranson

Primaires

Deux amis parlent de politique :

– Tu as vu au journal de 20 heures ? Valls veut aller à la primaire et niquer tout le monde.

– Oui, et alors ? Jean-Luc Lahaye aussi, c'est pas pour autant qu'il est allé à la télé pour en parler !

Une perle

Deux copains discutent dans un bistrot :

– Tu connais la différence entre une femme et une perle ?

– Non, c'est quoi ?

– La perle, tu peux l'enfiler des deux côtés.

– Mais, répond l'homme, ma femme aussi.

– Eh bien, c'est une perle.

CONSEILS DU JOUR

1. Ne parlez jamais la bouche pleine, c'est moche.
2. Ne parlez jamais la tête vide, c'est pire !

Érection présidentielle

Accoudés au comptoir, deux ivrognes discutent :

– Moi tu sais, j'appelle mon sexe Sarko.

– Ah oui, pourquoi ?

– Parce qu'il est peut-être petit, mais il est toujours excité !

Lost in translation

Un juge annonce à Patrick Balkany :

– M. Balkany, j'aimerais vous traduire…

– Avec plaisir. En quelle langue ?

– En justice.

En marche arrière

S'adressant à un groupe d'ouvriers, Emmanuel Macron s'écrie avec fougue :

– Mes amis, c'est vous les travailleurs et vous seuls qui avez fait de ce pays ce qu'il est !

– Ça alors ! s'exclame un des ouvriers, il faut toujours qu'ils rejettent leurs responsabilités sur quelqu'un d'autre !

Tout à l'envers

Deux amis discutent de politique à un comptoir de bistrot :

– Macron, c'est quand même dingue.

– Quoi ?

– Le gars, il fait tout à l'envers : président avant d'être député, grand-père avant d'être père. Au lit, c'est le genre de mec à finir avec les préliminaires.

Atchoum !

Vladimir Poutine passe ses troupes en revue. Tout à coup, il entend quelqu'un éternuer.

– Qui a éternué ? demande-t-il.

Silence…

– Je répète : qui a éternué ?

Silence…

– Bon, tout le premier rang en prison ! Qui a éternué ?

Silence…

– Les cinq premiers rangs vous serez fusillés ! Qui a éternué ?

On entend alors une petite voix :

– C'est moi, votre Excellence !

– À vos souhaits ! répond Poutine.

Bis repetita

Un rabbin se rend en pèlerinage à Bethléem.

Il n'est plus très loin du tombeau des Patriarches quand tout à coup, il s'arrête net, écarquille les yeux, ouvre grand la bouche, se gratte la tête… redémarre et s'arrête à côté de ce qu'il prend pour une vision.

Un homme à longue barbe, pauvrement vêtu, en sandales usées, conduisant un âne blanc sur lequel est assise une jeune femme en longue robe bleue et blanche et très visiblement enceinte.

Le rabbin, médusé, s'adresse à l'homme :

– Vous… vous… excusez-moi, mais comment vous appelez-vous ?

– Eh bien, je m'appelle Joseph.

– Et… et… et cette femme enceinte, co… co… comment s'appelle-t-elle ?

– Elle s'appelle Marie et je l'emmène accoucher à Bethléem pour la naissance de notre fils…

– Oh mon Dieu, mon Dieu… et ce petit garçon qui va naître, vous allez l'appeler Jésus, n'est-ce pas ?

– Ah non, sûrement pas, répond Joseph, on n'est pas des Portugais !

STaTiSTiQueS

80 % des femmes ont des vergetures, les 20 % restantes sont myopes.

Les citations les plus drôles

« Quand on prend le temps de bien regarder les monuments aux morts, on finit par se dire que finalement ça ne fait que gâcher quelques bonnes places de parking. »

Jean Yanne

Une idée de reconversion ?

Que serait François Hollande avec 30 centimètres de moins ?

Passepartout.

Le point commun

Quel est le point commun entre François Hollande et Emmanuel Macron ?

Ils ont tous les deux fait entrer leur maîtresse à l'Élysée.

Mémoire de forme

Deux amis discutent :

– Je viens de m'acheter un nouveau matelas à mémoire de formes.

– Et c'est bien ?

– Non, depuis que je l'ai, j'ai peur de me faire gauler si j'invite ma maîtresse !

La fin du monde

Un homme va voir sa femme et lui dit :

– C'est terrible, nous sommes au bord de la troisième guerre mondiale entre la Corée du Nord et les États-Unis, c'est le retour de la guerre froide avec les Russes. Ma chérie, on va tous mourir bientôt !

– Oh, je te vois venir toi ! répond la femme. C'est toujours non pour la sodomie !

Des casseroles

Sur un marché, une petite vieille s'approche d'un marchand de casseroles et lui demande :

– Vous tractez pour François Fillon ?

T'AS FAIT DRÔLEMENT VITE POUR RÉDIGER CETTE LOI DE MORALISATION DE LA VIE POLITIQUE, BAYROU...
IL FALLAIT BIEN OCCUPER TOUS CES ASSISTANTS PAYÉS PAR L'UNION EUROPÉENNE.
Ranson

Un bon assistant

Un médecin demande à son collaborateur :

– Écoute, demain, je vais faire un golf, mais je ne veux pas fermer la clinique, alors tu t'occuperas des patients qui viendront.

– D'accord, docteur, répond le jeune assistant.

Le docteur va jouer au golf et, le lendemain, il demande à son assistant :

– Alors, comment s'est passée ta journée ?

L'assistant explique qu'il a eu trois patients.

– Le premier avait une migraine et je lui ai donné de l'aspirine.

– Très bien, et le deuxième ?

– Le deuxième avait des brûlures d'estomac, je lui ai donné du Maalox, monsieur.

– Bravo ! Bravo, tu es un vrai pro.

– Et le troisième ?

– Ben, j'étais assis et d'un coup sec la porte s'est ouverte. Une femme est entrée comme une furie. Elle s'est déshabillée complètement, elle s'est couchée sur la table d'examen et elle m'a crié :

– Aidez-moi ! Vite. Cela fait cinq ans que je n'ai pas vu un homme !

Plutôt inquiet, le médecin demande :

– Et, qu'est-ce que tu as fait ?

– Je lui ai mis des gouttes dans les yeux…

Témoignage d'une blonde

« Je compte rester vierge toute ma vie pour être un exemple pour mon fils. »

Les golfeuses

Une blonde et une brune sont sur un parcours de golf.

La brune s'installe sur le tertre de départ, lève sa canne et frappe la balle en l'envoyant à plus de 200 mètres.

La blonde prend place à son tour et frappe à 300 mètres. Immédiatement après, elle met sa main dans sa petite culotte.

Viens le trou n° 5, les deux filles se placent sur le départ. La brune frappe, puis vient le tour de la blonde. Elle frappe et met à nouveau sa main dans sa petite culotte. Intriguée, la brune lui demande :

– Pourquoi mets-tu ta main dans ta culotte après chaque coup de départ ?

– Ben, t'as pas vu l'affiche ?

La brune se retourne et voit une affiche sur laquelle est inscrit :

« Merci de bien vouloir remettre la touffe en place après avoir frappé la balle. »

Une belle arnaque !

Un ingénieur qui cherchait un poste depuis très très longtemps décide de monter une clinique médicale privée.

Il place une pancarte dehors sur laquelle on peut lire :

« Un remède à votre problème médical garanti pour 500 euros. On vous rembourse 1 000 euros en cas d'échec. »

Un vrai médecin, fâché de voir cela, se dit qu'il va se faire 1 000 euros sur le dos de cet ingénieur et entre dans la clinique. Il annonce :

– J'ai perdu le sens du goût.

– Infirmière, allez me chercher la boîte de soins 22 et mettez 3 gouttes dans la bouche du patient.

– ARK… c'est de l'essence ! râle le vrai docteur.

– Félicitations ! Vous avez retrouvé votre sens le goût. Ça fera 500 euros.

Le docteur vraiment fâché revient quelques jours plus tard pour regagner son argent perdu.

– J'ai perdu la mémoire, je ne me rappelle plus rien.

– Infirmière, allez me chercher la boîte de soins 22 et mettez 3 gouttes dans la bouche du patient.

– Holà ! Minute là, je ne veux pas boire à nouveau trois gouttes d'essence ! s'inquiète le vrai docteur.

– Félicitations ! Vous avez retrouvé votre mémoire. Ça fera 500 euros.

Le médecin encore plus frustré paie et sort de la clinique.

Il revient quelques jours plus tard, bien décidé à recouvrer son argent.

– Je perds la vue, je ne vois plus rien.

– Désolé, on n'a aucun remède pour ça… voici vos 1 000 euros.

– Hé, attendez, c'est un billet de 500 euros, pas de 1 000 euros…

– Félicitations ! Vous avez retrouvé la vue. Ça fera 500 euros.

Chirac à la retraite

Jacques Chirac se promène dans Paris avec un superbe labrador.

Un homme l'observe et lui dit :

– M. Chirac, votre chien est superbe.

– Merci, je l'ai eu pour Bernadette.

– Félicitations, M. Chirac, bel échange !

FILLON, RENDS L'ARGENT !
ON S'EN FOUT DE CELUI DES EMPLOIS FICTIFS, ON VEUT CELUI QUE L'ÉTAT T'A REMBOURSÉ POUR LA CAMPAGNE !
MA CHEMISE AUSSI ?!
Danson

Conseil pour les femmes, sauf la nôtre

Une femme s'adresse à Penelope Fillon.

– Comment faire pour que mon mari se rende compte de tout ce que je fais à la maison en une journée ?

– C'est très simple, répond Penelope, demain, faites comme moi, ne faites rien !

à MéDiTeR

Quand tu es célibataire, tu mates ce qu'il y a sur YouPorn et tu vas au lit.

Quand tu es en couple, tu mates ce qu'il y a au lit et tu vas sur YouPorn.

Indignez-vous !

Deux militants du Front de gauche discutent avec Jean-Luc Mélenchon de leurs lectures :

– Moi dit le premier, j'achète L'Humanité.

– Moi, dit le second, j'achète L'Humanité et Révolution !

– Moi, dit Mélenchon, j'achète Modes et travaux.

– Quoi, s'écrient les deux autres. Tu achètes Modes et travaux, mais pourquoi ?

– Parce que c'est rempli de patrons, répond Mélenchon. Et tous les matins, je me torche avec !

La fierté

Un Américain, un Italien, un Turc et un Français s'entretiennent au sujet de la fierté en général. L'Américain déclare :

– Moi, je suis fier de notre CIA ! Elle connaît la plupart des choses dans le monde, parfois même avant que cela arrive.

– Moi, dit l'Italien, je suis fier de nos femmes. Elles sont les plus belles et les plus fières. On ne peut pas les avoir facilement.

– Moi, enchaîne le Turc, je suis fier de nos tapis, des chefs-d'œuvre ! Personne ne peut fabriquer des tapis d'aussi bonne qualité que nous.

Tous regardent le Français et attendent ses déclarations. L'Américain lui demande :

– Alors le Français ! N'y a-t-il rien dont tu puisses être fier ?

– Si, répond le Français, je suis fier de moi !

– Pourquoi ?

– Parce que, la semaine dernière, j'ai baisé une Italienne sur un tapis turc et que jusqu'à présent la CIA ne le sait pas !

Fin de mandat

Deux copains discutent politique dans un bistrot :

– François Hollande on dirait un peu moi quand j'étais encore à l'école.

– C'est-à-dire ?

– Ben, il se réveille qu'au troisième trimestre, mais c'est trop tard !

Les citations les plus drôles

« Les Juifs nous ont donné Jésus-Christ et Karl Marx, et ils se sont payé le luxe de ne suivre ni l'un ni l'autre. »

Peter Ustinov

Monsieur et madame Macron ?

Une cougar de 50 ans s'approche d'un étudiant en train de bouquiner un livre de maths, et lui dit :

– Tu aimes les maths mon petit ?

– Oui…

– Voyons voir comment du 20 rentre dans du 50.

La maison ronde

Un homme demande à un architecte de lui construire une maison avec seulement des pièces rondes, donc sans aucun angle. L'architecte, surpris, accepte la proposition. Une fois la maison construite, l'architecte demande à l'homme :

– Quelle est donc la raison qui vous a poussé à choisir une maison sans angle ?

– C'est très simple, ma belle-mère m'a dit que même un coin chez moi lui suffisait.

FLASH INFO

Manuel Valls se dit prêt à changer de sexe pour respecter la parité et pour pouvoir entrer dans le gouvernement d'Emmanuel Macron.

OPHÉLIE WINTER, ELLE A COMMENCÉ LE RAMADAN ET ELLE A PERDU 6KG !
BEN LOANA ELLE SAIT CE QU'ELLE DOIT FAIRE POUR RELANCER SA CARRIÈRE...
Ranson

Ménopause

Pourquoi les hommes ne font-ils pas de crise à la ménopause ?

Parce qu'ils sont encore coincés dans leur crise d'adolescence…

Blague gore

Une femme enceinte et lépreuse accouche. Toute contente, elle demande au médecin :

– Est-ce un garçon ou une fille ?

– Attendez au moins qu'on ait fini de trier les morceaux !

Devinette pas facile

Un homme pose une devinette à son fils :

– Kevin, qu'est-ce qui est vert, pendu à une ficelle sur un mur, et qui permet de surfer sur Internet ?

Le petit réfléchit un long moment, puis :

– Je ne vois pas papa. C'est quoi ?

– C'est un hareng…

– Mais papa, les harengs ne sont pas verts !

– Oui, mais celui-là était peint en vert.

– Mais, je n'ai jamais vu un hareng pendu à une ficelle sur un mur !

– Ah, mais ce hareng était pendu à une ficelle sur un mur.

– Mais, enfin papa, les harengs ne servent pas à surfer sur Internet !

– Ça, c'était pour que tu ne trouves pas trop facilement.

Le communisme

Le secrétaire national du Parti communiste interroge Jean-Luc Mélenchon pour savoir s'il appellera à voter pour lui :

– Camarade, si tu avais deux avions, tu en donnerais un à la révolution ?

– Oui ! répond Mélenchon.

– Et si tu avais deux Ferrari, tu en donnerais une à la révolution ?

– Oui ! répond de nouveau Mélenchon.

– Et si tu avais un million sur ton compte en banque, tu en donnerais la moitié à la révolution ?

– Bien sûr que je le donnerais !

– Et si tu avais deux télévisions, tu en donnerais une à la révolution ?

– Non ! répond Mélenchon.

– Mais... Pourquoi tu donnerais un avion si tu en avais deux, une Ferrari si tu en avais deux, 500 000 si tu avais un million... et que tu ne donnerais pas une télé si tu en avais deux ?

– Mais, répond Mélenchon, parce que les télés, je les ai !

La primaire de la gauche

Deux copains discutent politique dans un bistrot :

– Tu as voté à la primaire de la gauche, toi ?

– Non, et toi ?

– Non, j'ai du mal à m'y intéresser. Pour moi, la primaire de la gauche, c'est un peu la ligue 2 de la démocratie.

DICTIONNAIRE 2018

Couple : personnes partageant le loyer et une animosité réciproque.

Les citations les plus drôles de Zsa Zsa Gabor

« Je crois aux familles nombreuses. Chaque femme devrait avoir au moins trois maris. »

« Je suis une merveilleuse femme au foyer. Je divorce. Je garde la maison. »

« Le meilleur moyen d'apprendre une langue étrangère est d'épouser un homme étranger. Chose étrange, j'ai été mariée cinq fois et je parle pourtant sept langues. Je me demande bien d'où je sors les deux dernières. »

Monsieur et madame...

Monsieur et madame Duvilloge ont une fille, comment s'appelle-t-elle ?

Lydia (l'idiot du village).

à MéDiTeR

L'argent n'a pas d'odeur, sauf bien sûr quand tu lâches la main de ta femme en passant devant chez Sephora.

Un arrière-goût

Deux cannibales discutent :

– J'aime pas du tout, mais pas du tout ma belle-mère.

– Ouais ben, mange au moins les carottes.

Typiquement masculin

En partant au travail, il voit une fille avec de jolies jambes. Il se dit :

– C'est dommage que ma femme n'ait pas les mêmes…

Puis à midi au restaurant d'entreprise, il en voit une avec un beau petit cul :

– C'est dommage que ma femme n'ait pas le même.

Puis en rentrant, il croise une femme avec des seins magnifiques.

– C'est vraiment dommage que ma femme n'ait pas les mêmes !!!

Le soir, il rentre chez lui et dit à sa femme :

– Ma chérie, j'ai pensé à toi toute la journée !!!!

Les citations les plus drôles

« Ce matin, j'échangeais des textos avec notre imam. J'ai commencé par "salaam". Le correcteur iPhone a envoyé "salami". J'ai plus de nouvelles. »

Le rappeur Youssoufa

La politique expliquée aux enfants

Un jeudi matin, une petite fille demande à son papa :

– Papa, c'est quoi la politique ?

– Je te l'expliquerai ce week-end quand on ira à Disneyland.

– On, va à Disneyland ? demande la petite, folle de joie. Tu es le meilleur papa du monde !

Le samedi matin, la petite demande à son papa :

– Alors papa, on va à Disneyland ?

– Non, on n'y va pas.

– Mais… pleurniche la petite.

C'est ça la politique.

Proverbe vegan

« On ne fait pas d'omelettes. »

Témoignage

« J'arrête de boire, ça me saoule ! »

Il est où le su-sucre ?

Dans un café près du parlement, Nadine Morano appelle le serveur :

– Hep monsieur ! Je voudrais un autre morceau de sucre, s'il vous plaît.

– Mais je vous en ai déjà donné cinq !

– Oui, répond Nadine, mais ils ont tous fondu…

Vote blanc

Juste avant les élections un journaliste de BFMTV aborde des passants dans la rue pour leur demander leur avis sur les candidats en lice.

– Comptez-vous aller voter demain et si oui, pour quel candidat ?

– Non, je ne vais pas me déplacer pour aller voter.

– Ahhhh, pourquoi ?

– Parce que je ne connais aucun des candidats !

Le journalise s'adresse alors à un autre passant qui s'était arrêté pour écouter.

– Et vous ?

– Moi ? Eh bien moi non plus je ne vais pas aller voter…

– Ah bon ? Alors vous aussi, vous ne connaissez pas les candidats ?

– Ah non, moi, c'est parce que je les connais trop bien…

MES PARENTS M'ONT FOUTU DEHORS APRÈS L'ÉMISSION DE CYRIL HANOUNA...
PARCE QU'ILS ONT DÉCOUVERT QUE TU ÉTAIS HOMO ?!
NON PARCE QUE JE REGARDAIS L'ÉMISSION DE CYRIL HANOUNA.
Ranson

Mise au point

Arrêtez de dire que la place des femmes est dans la cuisine… Le reste de la maison ne va pas se nettoyer tout seul !

Les escaliers magiques

Une rousse, une brune et une blonde font naufrage sur une île.

Elles trouvent une lampe magique et en font sortir un génie maléfique.

Ce dernier leur impose de monter des escaliers magiques. À chaque marche, il leur raconte une blague. Si l'une rigole, elle meurt. Sinon, elle monte une marche. Si l'une arrive à la 100e marche, le génie exauce son vœu.

La rousse prend les escaliers. Elle rigole à la 50e marche et meurt.

La brune prend à son tour les escaliers. Elle rigole à la 75e marche et meurt.

La blonde prend enfin les escaliers. Arrivée à la 99e marche, elle rigole.

Le génie lui dit alors :

– Mais pourquoi rigoles-tu à cette blague alors qu'elle n'est pas drôle ?!

– Ha ! Ha ! Ha ! Je rigole parce que je viens de comprendre la 1re !

Et elle meurt.

Témoignage

« Hier soir, j'ai dîné avec un champion d'échecs. Il y avait une nappe à carreaux. Il a mis deux heures à me passer le sel. »

Comme Trump

Un journaliste interroge le candidat des Républicains :

– M. Fillon, quel est votre plan au sujet de la crise des migrants ?

– Nous construirons un mur sur la frontière entre la France et la Syrie.

Scène de ménage

Une femme demande à son mari :

– Chéri, comment tu me trouves ?

– En général, je cherche dans la salle de bains.

Parent mode d'emploi

Une petite fille demande à son père :

– Dis papa, à la base, tu voulais une fille ou un garçon ?

– À la base, j'allais juste prendre une douche.

FLASH INFO

Donald Trump et Vladimir Poutine ont décidé qu'il y aurait dorénavant une monnaie commune entre les États-Unis et la Russie pour remplacer le rouble et le dollar. Son nom : le roublard.

On aime beaucul

Nabilla discute avec une copine. Sa copine lui dit :

– Tu as de la chance, tu as des super jolies fesses.

– Oui, répond Nabilla, les fées se sont penchées sur mon verso.

Humour noir

Quelle est la différence entre un pont et un gant ?

Dans un gant, tu mets les dix doigts, dans le pont, Lady Di.

Monsieur et madame...

Monsieur et madame Penneflamme ont une fille, comment s'appelle-t-elle ?

Katy (Katy penne flamme, tu n'es pas… de notre galaxie).

Blague dégueulasse

Quel est le point commun entre un pet et l'amour ?

Quand tu sens que tu te forces, c'est sûrement merdique.

Devinette

Quelle est la différence entre une femme et une rue ?

Quand tu te trompes de rue, ta rue ne fait pas la gueule pendant 15 jours.

Témoignage

« J'ai épousé ma femme pour le sexe, elle s'est mariée pour l'argent. On est déçus tous les deux. »

C'EST VRAI QUE VOUS AVIEZ HÂTE DE TRAVAILLER AVEC MOI ?
PAS AVEC LE PRÉSIDENT DES FRENCHIES MAIS AVEC LE BANQUIER.
Lanson

Chez les Macron

Deux amis discutent de politique à un comptoir de bistrot :

– Moi, ça ne me dérange pas la différence d'âge, mais là, quand même. Macron sera encore en marche que sa femme sera en déambulateur.

Objectif soleil

Donald Trump s'adresse aux dirigeants de la NASA :

– Kennedy a réussi à envoyer des hommes sur la Lune ! Qu'importe ! Avec moi, nous irons sur le Soleil !

– Mais, monsieur le président… on va brûler !

– Vous me prenez pour un imbécile ? s'énerve Trump. Tout est prévu : nous irons la nuit.

Un verre, ça va…

Un médecin dit à son patient :

– La cause de tous vos maux, c'est l'alcool.

– Ah, merci docteur ! répond le patient. Vous au moins, vous n'êtes pas comme ma femme, vous ne me mettez pas tout sur le dos !

à méditer

Une part de pizza, c'est comme une bite, quand c'est trop mou, on a du mal à viser la bouche.

La dernière élection américaine expliquée en une phrase

C'est la première fois dans l'histoire qu'un milliardaire américain déménage dans un logement public abandonné par une famille noire.

Monsieur et madame...

Monsieur et madame Plusdebièredanslefrigo ont un fils, comment s'appelle-t-il ?

Roger (roh ! j'ai plus de bière dans le frigo).

Trois chirurgiens

Trois chirurgiens américains discutent ensemble des opérations les plus difficiles qu'ils ont réalisées.

Le premier dit :

– Je suis le meilleur chirurgien du Texas. Un pianiste de concert avait perdu sept doigts en tondant son gazon, je les ai recousus et huit mois après, il donnait un concert pour la reine d'Angleterre !

Le deuxième dit :

– Ce n'est rien, j'ai opéré un gars qui avait perdu ses deux bras et ses deux jambes. Deux ans après, il a gagné une médaille d'or aux jeux Olympiques de Rio !

Le dernier dit alors :

– Moi, il y a quelques années, j'ai réalisé une ablation totale sur le cerveau d'un New-Yorkais.

Les deux autres, ensemble :

– Et alors ?

Le dernier avec un grand sourire :

– Devinez qui est président des États-Unis en ce moment ?

Comment tu me trouves ?

Une femme demande à son mari :

– Chéri, comment tu me trouves ?

– Comme les nouvelles ampoules ?

– Rayonnante ? demande la femme en rougissant.

– Non, led.

Les citations les plus drôles

« Les hommes s'en fichent de ce qu'il y a à la télé. Ils s'intéressent seulement à ce qu'il y a d'autre à la télé. »

Jerry Seinfeld

Le point commun

Quel est le point commun entre un homme juif et un homme italien ?

L'homme juif porte des costumes italiens.

T'ES NULLE !
C'EST MOI QUI ME PRÉSENTERAI EN 2022 !
ATTENDS 2027, PAPA, MACRON EST LÀ AU MOINS POUR DIX ANS !
Pancon

La vieille cougar

Une vieille cougar, devenue riche grâce à la fortune héritée de son défunt mari, souhaite revivre les joies de l'orgasme et organise un concours : le jeune étalon qui la fera jouir remportera 100 000 euros. Trois jeunes – un Européen, un Africain et un Asiatique – participent au concours. L'Européen dit :

– À moi la fortune !

Il se rend dans la chambre de la cougar et ressort quelques minutes plus tard, déçu de n'avoir pas réussi. À son tour, l'Africain dit :

– À moi la fortune !

Il se rend à son tour dans la chambre de la cougar et ressort cette fois-ci quelques dizaines de minutes plus tard, mais avec une tête de vaincu.

Le Chinois entre à son tour et une heure plus tard, ressort avec la mallette de 100 000 euros.

L'Européen et l'Africain lui demandent en chœur :

– Comment t'as fait ?

– Moi, j'ai utilisé ma tête !

Les citations les plus drôles

« Après un Noir, un roux ! Ça va être quoi le prochain président des États-Unis ? Un handicapé ?

Eh ben pour une fois, on aura fait un truc en avance sur les Américains… »

Pierre-Emmanuel Barré

Ceinture de chasteté

Un chevalier part en croisade. Auparavant, il met une ceinture de chasteté à sa jeune épouse, puis il convoque l'écuyer de la dame en disant :

– Je te confie la clé de la ceinture de chasteté. Conserve-la en permanence sur toi et ne la donne à personne. Si dans trois ans, jour pour jour, je ne suis toujours pas de retour, c'est que j'aurai péri sous les murs de Jérusalem. Alors, et alors seulement, tu ouvriras la serrure.

à MéDiTeR

Les vrais amis se comptent sur les doigts de la main. Les ennemis, juste sur celui du milieu.

Et il s'en va... Trois heures plus tard, sur la route, un cavalier le rejoint au grand galop dans un nuage de poussière. C'est l'écuyer, qui lui dit d'une voix haletante :

– Ah, monsieur le comte, c'est une chance que j'aie réussi à vous rattraper ! Vous ne m'avez pas donné la bonne clé...

Emploi fictif

Un journaliste interroge François Fillon :

– M. Fillon, votre épouse a-t-elle été rémunérée sans travailler ?

– Cette question est particulièrement misogyne ! s'insurge Fillon. Je refuse de parler de ma femme, c'est ma vie privée, je ne suis pas du genre à faire des photos pour *Paris Match* comme Macron !

– Vous avez des preuves de son travail ?

– Je l'aime, vous savais.

Les perles de l'élection présidentielle

« Arnaud (Montebourg) est le type dont rêvent les femmes pour un amour d'une nuit d'été. Il faut parvenir à ce qu'elles rêvent de lui pour acheter une maison Phénix et y élever des enfants. »

François Kalfon

« Je ne serai peut-être pas élue présidente de la République, mais je ne serai pas la seule. »

Nathalie Arthaud

« En fin de compte, Benoît Hamon aura fait le meilleur score de tous les écologistes à une présidentielle. »

Arnaud Montebourg

« Je dis à M. Fillon qui aime les beaux habits, qu'il va se prendre une belle veste électorale. »

Jean-Luc Mélenchon

« Les électeurs votent même quand ils ne comprennent pas. Et quand ils votent, on ne les comprend pas toujours. »

François Hollande

« Le travail du dimanche, c'est plus de liberté, et la liberté, c'est une valeur de gauche. »

Emmanuel Macron

« J'aimerais bien laisser dans l'histoire une trace aussi forte que celle de Mme Thatcher, M. Schröder ou M. Chrétien au Canada. »

François Fillon

« Défaite probable du Brexit. Déroute, donc, des souverainistes, des xénophobes, des racistes. Reste, maintenant à refonder l'Europe. »

Bernard-Henri Lévy, ce visionnaire

« Je pense que la France va être amoureuse de Macron comme je le suis. »

Frédéric Mitterrand

« Ce qu'il se passe en Guyane depuis plusieurs jours est grave. Mon premier mot est celui d'un appel au calme parce que bloquer les pistes d'un aéroport, bloquer les décollages, et parfois même bloquer le fonctionnement de l'île ne peut être une réponse apportée à la situation. »

Emmanuel Macron,
qui pense que la Guyane est une île

« Votre bilan, c'est votre boulet. »

Laurent Fabius à Nicolas Sarkozy

« En fait, d'une certaine manière, on est comme une prostituée : le boulot, c'est de séduire ! »

Emmanuel Macron

« J'ai inspiré Obama et ses équipes m'ont copiée. »

Ségolène Royal

« J'ai dit très clairement que si j'étais choisi, je confierais Matignon à François Bayrouin… euh à François Baroin. »

Nicolas Sarkozy lors du débat
des primaires de la droite

« Contrairement à ce que j'ai lu, je ne suis pas plus impatient d'être candidat que le Christ ne l'était de monter sur la croix. »

Jean-Luc Mélenchon

« Gauche au volant, Grèce au tournant. »

Nathalie Kosciusko-Morizet

« Macron n'arrête pas de me piquer toutes mes idées. Par exemple, c'est moi qui ai marché et c'est lui qui dit : En marche ! »

Jean Lassalle

« La famille Fillon, c'est un papa, une maman et beaucoup de virements. »

Laurence Rossignol

« Je suis le prochain président de la République ! »

Jean Lassalle

« Je peux être la grosse surprise du premier tour. »

François Asselineau

« Un gay qui vote à droite, c'est comme une dinde qui vote à Noël. »

Jean-Luc Roméro

« Quand j'ai appris que Xavier Bertrand appartenait à la franc-maçonnerie, je ne me suis pas étonné de le découvrir maçon ; mais franc, ça m'en bouche un coin. »

François Fillon

« Il n'y a rien de plus terrible pour un soldat déjà anonyme que de mourir inconnu. »

François Hollande

« Il y avait tellement de gens à mon enterrement que j'ai décidé de ne pas m'y rendre. »

Patrick Devedjian

« Non, François n'est pas mou. »

Ségolène Royal

EN MARCHE !
ELLES ME VONT TRÈS BIEN.
JE PEUX LES GARDER AUX PIEDS ?
FERRAND
SARNEZ
Ranson

« Sarkozy souhaite s'inspirer de Jaurès et de Raymond Blum. »

Nadine Morano

« C'est quand c'est dur que c'est bon. »

Michel Sapin

« Je n'ai pas embauché ma femme ; j'ai épousé ma collaboratrice. »

Claude Bartolone

« J'ai écouté l'*Adagio* d'Albinoni, c'est magnifique ; de qui est-ce ? »

Hervé Morin

« Je suis sûr que quand je parle anglais, j'ai autant de charme que Tony Blair. »

François Fillon

« J'ai même fait des rêves érotiques avec Manuel Valls ! »

Frédéric Mitterrand

« Il faut dire la vérité. L'argent a un prix. »

Valérie Pécresse

« Il y a quand même des médicaments qui soignent. »

Marisol Touraine, alors ministre de la Santé

« Si tous les fonctionnaires français qui trompent leur conjoint démissionnaient, notre fonction publique serait décimée ! »

Roselyne Bachelot

« On s'habitue au monde politique comme les fourmis s'habituent aux insecticides. »

Arnaud Montebourg

« Ce n'est pas plus mal que ce soit une femme qui soit élue pour faire le ménage. »

Ségolène Royal

« La solution au problème du manque de logements, c'est de construire plus de logements. »

Nathalie Kosciusko-Morizet

« J'ai tenté de promouvoir des femmes au maximum, bien que nos dossiers soient très techniques. »

Stéphane Le Foll

« J'ai un corps de vieille femme et un emploi du temps de jeune fille. »

Christiane Taubira

« J'ai beaucoup appris. Je sais sur qui je ne peux pas compter et ceux sur qui je ne peux absolument pas compter. »

Hervé Morin

« Dans un an, les gens m'adoreront. En France, on aime les présidents quand ils sont partis ! »

Nicolas Sarkozy en 2012

« Un Premier ministre, on le lèche, on le lâche, on le lynche ! »

Alain Juppé

« Le second tour est presque écrit, Marine Le Pen contre moi. Il reste quatre semaines, c'est énorme. »

Jean Lassalle

« Quand on dit une connerie, c'est très difficile de savoir comment on s'en sort, c'est un spécialiste qui vous parle. »

Brice Hortefeux

« Qui va toucher le revenu universel proposé par M. Hamon ? De Mme Bettencourt à la vendeuse de Prisunic ? »

Alain Juppé

Alors que sur France 3, Franz-Olivier Giesbert lui demande :

– Qu'est-ce que vous répondez aux gens qui disent « Alain Juppé est très conventionnel, on va se faire chier » ?

Alain Juppé répond :

– Je les emmerde ! S'ils se font chier avec moi, qu'ils aillent voir ailleurs ! On n'attend pas d'un président de la République qu'il fasse marrer !

François Fillon à propos d'Emmanuel Macron :
« Avant de juger les propositions d'Emmanuel Macron, je vais attendre qu'elles soient abandonnées. »

« L'afflux des migrants est une situation exceptionnelle qui va durer. »

François Hollande

« Être élu est un cursus d'un ancien temps. »

Emmanuel Macron

« Je m'adresse à vous, à cette génération qui n'est pas encore née ! »

Ségolène Royal

« Jean-François Copé ferait mieux de tourner sept fois sa langue dans la poche ! »

Florian Philippot

« Je constate que le port de l'uniforme pour les enfants de Martinique et de Guadeloupe qui sortent des écoles fonctionne très bien. Donc si ça marche très bien en Martinique et en Guadeloupe, il n'y a pas de raison que ça ne marche pas en France. »

Jean-Frédéric Poisson,
lors du débat de la primaire de la droite

« Je crois que cette histoire de déchéance de nationalité n'a absolument aucun intérêt. Imaginez quelqu'un qui va faire un attentat, qui a donc décidé de mourir, se dire : "Oh, je vais perdre ma nationalité française !" Il y a vraiment un côté comique. »

Jean d'Ormesson

« Je crois à un retour de Nicolas Sarkozy, mais menotté. »

Arnaud Montebourg

« François Fillon n'oublie rien : la vengeance, chez lui, c'est comme un surgelé chez Picard ! »

Yves Jégo

« Les officiers de police ne seraient pas là si les Noirs ne s'entre-tuaient pas. »

Rudolph Giuliani,
ancien maire de New York

« On m'a dit que je ressemblais à l'acteur de *Pretty Woman.* »

François Bayrou

« Je tiendrai tête à M. Trump, car j'ai eu affaire aux ours et aux loups. »

Jean Lassalle

« Si vous ne voulez pas être honnête, il faut faire autre chose que de la politique. »

Patrick Balkany

« Bientôt on va l'accuser (François Fillon) d'avoir scié la corne du rhinocéros de Thoiry ».

Bruno Retailleau

« La France a toujours été du côté des dictateurs. »

Un beau lapsus de Nicolas Sarkozy

« Je ne suis pas un leader naturel. Je suis trop intellectuel ; je suis trop abstrait, je pense trop. »

Newt Gingrich,
ancien candidat à l'élection américaine

« Si je suis élu, rien ne changera en France ! »

François Bayrou

« Les gens qui continuent à voter pour nous ont bien du mérite ! »

Édouard Balladur

« J'ai du charisme, de l'aura, du poids... Mais au gouvernement, je leur ferais de l'ombre... »

Ségolène Royal

« Je demande aux Français de ne pas aller dans les zones à risques parce que c'est dangereux. »

François Hollande

À propos des députés employant leur femme comme attachée parlementaire :

« C'est l'un des rares cas où les femmes sont mieux payées que les hommes, c'est un motif de fierté. »

Gérard Larcher, ancien président du Sénat

« Ce sentiment que les hommes politiques sont impunis quand ils commettent une erreur, c'est un grand handicap pour rétablir l'autorité de l'État. »

François Fillon... en 2013

« J'ai été longtemps un jeune conformiste. Et sans doute formiste est-il de trop. »

François Bayrou

« Le fait de m'incarcérer, à la rigueur, ça réglera le problème du QG de campagne. »

José Bové

« Dans la vie, il faut toujours dire du bien de soi : ça se répète et après on ne sait jamais d'où ça vient ! »

Hervé Mariton

« Il est meilleur que moi Emmanuel Macron ! Il a chié chez Rothschild. Et puis, il a fait l'École normale ! Moi, j'ai fait que l'école normalement ! »

Jean Lassalle

« On change le bocal, mais on garde les mêmes cornichons. »

Jean-Christophe Lagarde

« Il y a des points sur lesquels moi, j'aimerais bien que François Fillon clarifie ses positions, par exemple sur l'avortement, l'interruption volontaire de retraite… euh, de grossesse. »

Alain Juppé

« Le métro est pour moi un lieu de charme, à la fois anonyme et familier. Je prends souvent les lignes 13 et 8, et il m'arrive de faire des rencontres incroyables. Je ne suis pas en train d'idéaliser le métro, c'est parfois pénible, mais il y a des moments de grâce. »

Nathalie Kosciusko-Morizet

« Le seul moyen qu'il y ait de surmonter l'arrivée du FN au pouvoir, c'est qu'il y ait une prière… euh, une primaire de la gauche… Et la prière, on la fera aussi ! »

Jean-Christophe Cambadélis

« En musique, j'aime bien le rap. J'étais plutôt de la génération NKM ! »

Marie-Noëlle Lienemann

« Vous avez dû écouter ce qu'a dit Bruno Le Roux ce matin ? Bruno le relou est revenu sur un amendement… »

Stéphane Le Foll

« Si je n'étais pas candidat, je ne saurais pas pour qui voter. »

Jean Lassalle

Petit résumé de la carrière d'Hillary Clinton

1998 : humilié par son mari devant l'Amérique.

2016 : humiliée par l'Amérique devant son mari.

Très pudique

– Madame, écartez les jambes.

– Non !

– S'il vous plaît, madame.

– Je suis désolée mais je ne suis pas une fille facile.

– Écoutez madame ! Vous voulez accoucher ou pas ?

DICTIONNAIRE 2018

Clitoridienne : caractérise une femme qui prend plus de plaisir quand on s'acharne sur la sonnette que quand on entre chez elle.

Arrête de pleurer Penelope

Le juge interroge François Fillon :

– M. Fillon, vous avez payé votre femme 8 000 euros par mois…

– Oui, mais elle s'occupait de mon courrier et de mon agenda.

– C'est tout ?

– Elle me conseillait.

– Bof.

– Elle me coiffait les sourcils !

– Ah, répond le juge, alors c'est bon, ce n'est pas un emploi fictif.

LA TRADITION DU RAMADAN, C'EST SIMPLE : ON COMMENCE PAR SE SERRER LA CEINTURE ET APRÈS ON SE FAIT PÉTER LA PANSE.
COMME CHEZ NOUS.
Ranson

Une greffe révolutionnaire

Un homme qui vient d'avoir le pénis tranché va voir le chirurgien pour savoir si, par bonheur, il ne serait pas possible de lui remplacer cette pièce essentielle de son anatomie.

Après un examen attentif de la partie manquante, le chirurgien demande à notre gars combien d'hommes adultes il connaît dans sa famille toute proche. Le gars répond qu'il y a son père, son grand-père et ses cinq frères soit sept personnes. Alors le chirurgien lui dit :

– C'est parfait : s'ils sont tous d'accord, je prendrai à chacun d'eux deux centimètres de pénis et ainsi je pourrai vous reconstituer un pénis de 14 centimètres.

Après avoir demandé leur accord à tous les membres masculins de sa famille, et obtenu une réponse positive de chacun d'eux, tout le monde se retrouve à l'hôpital la semaine suivante. Le chirurgien, après avoir réalisé cette multigreffe incroyable, va voir le patient et lui dit :

– L'opération s'est bien déroulée. Vous voilà maintenant avec un pénis de 14 centimètres. Soyez très prudent au début avec : pas de masturbation ou pénétration avant un mois. Vous viendrez me voir dans deux mois, pour me donner vos impressions.

Deux mois plus tard, le greffé revient en visite de contrôle :

– Alors, comment va votre nouveau pénis ?

Et le gars répond :

– Ben disons, pas trop mal… mais je voudrais quand même savoir qui a eu l'idée de mettre le morceau du grand-père en plein milieu…

Monsieur et madame…

Monsieur et madame Tus ont un fils, comment s'appelle-t-il ?

Momo (mot mot Motus).

Bondage

Deux amis discutent de sexualité :

– Moi, je ne comprends pas les mecs qui aiment le bondage.

– Ah oui, pourquoi ?

– Moi, j'ai déjà la flemme de faire mes lacets, alors attacher une femme avec 25 cordes !!!

INFO PEOPLE

Le saviez-vous ? Au début de chaque concert, Carla Bruni observe une heure et demie de silence.

Débat philosophique...

Un prêtre, un pasteur et un rabbin participent à un débat théologique. La question est « Quand débute réellement la vie ? »

– À la conception, répond le prêtre.

– À la naissance, répond le pasteur.

– Pas du tout, s'exclame le rabbin, c'est lorsque le crédit de la maison est payé et que les enfants sont mariés !

Système d'exploitation

Jean-Luc Mélenchon appelle la hotline de Darty :

– Bonjour camarade, je vous appelle pour un problème sur mon ordinateur.

– Oui, quel est votre système d'exploitation ?

– Euh, le capitalisme, comme tout le monde !

En Russie

Vladimir Poutine visite une usine et demande au contremaître :

– Que faisait votre usine avant la perestroïka ?

– Elle fabriquait les chars d'assaut.

– Et maintenant ?

– Et maintenant, on fabrique des landaus pour enfants.

– Et les gens les achètent ? demande Poutine.

– Oui. Il y a juste quelques mamans capricieuses qui prétendent qu'il n'est pas commode de sortir les bébés par la tourelle…

Le secouriste

Un prisonnier d'un pénitencier très dur discute avec un nouveau :

– Moi, j'ai pris dix ans pour escroquerie, et toi ?

– Vingt ans pour secourisme.

– Arrête, tu déconnes, personne n'a jamais pris vingt ans pour secourisme, même pas un an !

– Si, si ! Ma belle-mère saignait du nez, alors je lui ai fait un garrot autour du cou pour arrêter l'hémorragie.

Rien à déclarer

Au poste frontière belge, il y a deux lumières en uniforme qui discutent pour passer le temps en attendant de contrôler quelqu'un éventuellement…

Un véhicule s'approche. L'un des deux douaniers fait deux pas vers le poste de contrôle et aperçoit un Noir au volant d'une voiture immatriculée en Belgique.

Il lui fait signe de s'arrêter et lui demande ses papiers. En examinant les papiers, il prend un petit air satisfait et dit :

– Eh bien d'où viennent ces papiers ?

– De la préfecture, lui répond le conducteur un peu courroucé.

– Dites mon garçon, on ne me la fait pas à moi ! Sur vos papiers, il y a écrit que vous êtes belge.

– Oui monsieur, je suis belge.

– Arrêtez de vous foutre de moi, je vois bien que vous êtes noir.

– Parfaitement monsieur, je suis belge et je suis noir ! répond le gars de plus en plus énervé.

– C'est ça, oui, mon garçon, et je dois vous croire ?

– Mais oui enfin, puisque je vous le dis ! Je suis noir, je suis belge et je suis wallon !

Il y a tant de conviction dans les propos de ce brave type que, pris d'un doute, le douanier va voir son collègue et lui demande :

– Tu y crois, toi, qu'il y a des Belges wallons et noirs ?

– Tu sais, dit l'autre douanier, il ne faut plus s'étonner de rien, j'ai vu un reportage à la télé, il paraît qu'il y a des Flamands roses… alors des Wallons noirs…

Allégorie culinaire

Pendant la dernière présidentielle, un petit garçon demande à son papa :

– Papa, toi qui es de gauche, est-ce que M. Macron est de gauche ?

– Bon, répond le père. Toi, tu aimes le poisson ?

– Oui.

– Est-ce qu'il y a du poisson dans le surimi ?

Les coiffeuses

Dans un salon de coiffure, le patron demande à une jeune apprentie qui veut se faire engager :

– Êtes-vous douée en maths, mademoiselle ?

– Oui, tout à fait !

– Ok, alors faisons un test : 4 x 3 ?

– 29 !

Les autres coiffeuses disent :

– Laissez-lui une autre chance, patron ! Laissez-lui une autre chance !

– Bon ok… 5 x 5 ?

– 67 !

Les autres coiffeuses insistent :

– Laissez-lui une autre chance !

– Bon, d'accord les filles, mais c'est la dernière… 2 x 9 ?

– 18 !

Et les coiffeuses :

– Laissez-lui une autre chance ! Laissez-lui une autre chance !

Les citations les plus drôles

« Il y a trois choses qu'une femme est capable de réaliser avec rien : un chapeau, une salade et une scène de ménage. »

Mark Twain

à MÉDITER

Le mariage, c'est comme un compte en banque. Ça rentre, ça sort, mais en fin de compte, à la longue, vous y perdez de l'intérêt.

C'EST LE TYPE QUI ÉTAIT ASSURÉ DE ME SUCCÉDER... QUELLE DÉGRINGOLADE !
À L'ORIGINE, C'EST PAS VOUS QUI DEVIEZ VOUS SUCCÉDER ?!
Ranson

Président en formation

Emmanuel Macron est en visite officielle à l'étranger. Le soir, au dîner de gala, il fait discrètement passer un papier à l'ambassadeur de France sur lequel il a écrit :

« Savez-vous qui est le monsieur à la chemise blanche, assis à côté du Premier *ministre ?* »

Quelques secondes plus tard, le papier lui revient avec cette réponse :

« Oui. »

Furieux Macron renvoie le billet sur lequel il a griffonné :

« Oui qui ??? »

Deux minutes plus tard, le papier lui revient à nouveau avec écrit :

« Oui, monsieur le *président.* »

Les citations les plus drôles

« Ce n'est plus le parti socialiste, les socialistes sont partis. »

Bernard Mabille

Monsieur et madame...

Monsieur et madame Moilecul ont un fils, comment s'appelle-t-il ?

Ramon (ramone-moi le cul).

Témoignage

« J'ai emmené ma femme chez le psy pensant qu'elle avait le syndrome Gilles de la Tourette. Apparemment, non. Je suis donc un gros con de merde. »

Pourquoi pas vous ?

Deux amis discutent dans un bar :

– Tu sais quand j'étais petit, j'avais du mal à croire que n'importe qui pouvait devenir président de la République. Maintenant je m'aperçois qu'ils avaient raison.

Spiderman

Pourquoi Spiderman est-il un homme comme les autres ?

Lui aussi a les doigts qui collent après avoir fait un tour sur la toile.

La pomme

Quel est le point commun entre un téléphone Apple et un chien guide ?

Il faut être aveugle pour en acheter.

Sortez couverts

Comment fait une blonde pour éviter que son ordinateur n'attrape un virus ?

Elle l'entoure d'un préservatif !

Le saviez-vous ?

Depuis l'élection d'Emmanuel Macron, c'est la première fois dans l'histoire que le président français parlera mieux l'anglais que le président américain.

On a échangé les bébés

Dans une maternité, il y a trois couples : un couple d'Africains, un couple de Marseillais et un couple de Parisiens.

Les trois femmes accouchent en même temps… Mais, au moment de mettre les bracelets aux bébés, se produit une coupure électrique de quelques minutes. Lorsque l'électricité revient, la sage-femme a déjà oublié à quelle famille appartenait respectivement chaque bébé.

Embêtée face aux trois nouveau-nés, la sage-femme décide d'aller voir les pères, espérant que leur cœur parlera. Elle leur demande de reconnaître leur enfant.

Le Marseillais entre en premier dans la salle et sans aucune hésitation prend le bébé black et s'écrie :

– Peuchère, mon fils comme tu es beau !

La sage-femme lui dit tout bas :

– Mais vous êtes idiot !? Il y a un couple africain et vous prétendez que ce petit bébé noir est le vôtre ?

Alors le Marseillais lui répond :

– Ouais, je sais, mais bon, comme ça je suis sûr de ne pas prendre le Parisien !

Pyramides

« Soldats, du haut de ces pyramides, 40 siècles vous contemplent. »

Napoléon

« Français, du haut de cette pyramide, 40 ans vous contemplent. »

Emmanuel Macron

LES EXPERTS DISENT QUE SI ON AVAIT QUITTÉ L'UNION EUROPÉENNE ON AURAIT PERDU PLUS DE 500.000 EMPLOIS !
C'EST FAUX ! ON N'AVAIT PAS AUTANT D'ASSISTANTS PARLEMENTAIRES.
Ranson

Moi, président

Deux copains discutent politique dans un bistrot :

– Finalement le seul espoir pour François Hollande de laisser une trace dans l'histoire, c'est d'avoir une crise de gastro dans son bureau !

Les citations les plus drôles

« C'est marrant comme les choses changent d'un pays à l'autre, dès qu'il s'agit d'énergie. Les Américains, par exemple, ils utilisent le pétrole des Arabes comme combustible. Alors que les Arabes, eux, comme combustible, ils utilisent le drapeau américain. »

Jean Yanne

Encore une tournée

Un médecin reçoit dans son cabinet Johnny Hallyday et lui annonce la mauvaise nouvelle :

– M. Hallyday, vous avez un cancer.

– Oui, je sais. Un cancer au zénith le 12, un cancer à Bercy le 23, un cancer à Marseille le 10 et un autre à Lyon le lendemain.

Dictionnaire 2018

Chaîne info : comme toute personne âgée atteinte de la maladie d'Alzheimer, répète tous les quarts d'heure la même chose, avec le même enthousiasme.

Le plus grand mystère de l'humanité

Quel est le plus grand mystère de l'humanité ?

Pourquoi les putes n'enfantent-elles que des fils ?

Blague de banquier

J'avais une blague sur le livret A, mais c'est sans intérêt.

Mais oui, pourquoi ?

Pourquoi les vegans ont-ils des toilettes sèches ?

Parce qu'ils sont anti-chasse.

FLASH INFO

Penelope Fillon vient de passer douze heures en garde à vue. Jamais elle n'était restée aussi longtemps dans un bureau.

Cancre de père en fils

– Papa, tu viens m'aider pour mon devoir de maths ?

– Bien sûr. Et demande aussi à ta mère, on y arrivera mieux à quatre.

Mais oui, pourquoi ?

Pourquoi les femmes célibataires ne pètent-elles pas ?

Parce que tant qu'elles ne sont pas mariées, elles n'ont pas de trou du cul !

Allons enfants de la patrie...

Brigitte Macron supplie son médecin :

– Il faut faire quelque chose, je n'en puis plus. Chaque nuit, mon mari Emmanuel me tire du sommeil, en sursaut.

– Il parle ? demande le médecin.

– Non, il se met à chanter *La Marseillaise* !

– Et alors ?

– Alors ? Vous croyez que c'est drôle pour une femme de mon âge, de rester debout, en chemise de nuit, à deux heures du matin ?

Overdose

La scène se passe dans le service des urgences d'un hôpital de Toulouse :

– Heure du décès : 15 h 23, overdose de cassoulet.

– Au moins, on peut dire qu'il est mort en pet.

Pas écrit dans la Bible

Le petit Jésus demande à Joseph :

– Papa, comment on fait les bébés ?

– Demande à ta mère ! répond Joseph en bougonnant.

– Maman, comment on fait les bébés ?

– Ouais ! ajoute Joseph en hurlant. Allez Marie, dis-lui comment on fait des putains de bébés !!!!

IL Y A DEUX GAUCHES IRRÉCONCILIABLES.
JE TE CAUSE PAS !
MAIS JE NE SUIS PAS DE GAUCHE !
MOI NON PLUS, JE TE CAUSE PLUS !
Lanson

C'est quoi la vie ?

– Papa, c'est quoi la vie ?

– Tu vois mamie ?

– Elle est morte !

– Bah, c'est l'inverse.

Témoignage

« Je viens d'apprendre que les efforts étaient payants ! Déjà que j'avais pas trop envie d'en faire. »

Sarkozy, le retour

Deux copines discutent de politique :

– Sarkozy, c'est un peu comme mon ex.

– C'est-à-dire ?

– Il suffit que je le voie ou l'entende quelques minutes pour me rappeler pourquoi j'en voulais plus !

Vive Macron !

Jean-Luc Mélenchon fait du parachutisme. Il vient tout juste de sauter de l'avion, et il se rend compte qu'il a oublié son parachute… Oups… malaise ! À 3 000 mètres d'altitude, un ange l'attrape, et lui dit :

– Jean-Luc, je te sauve la vie si tu cries « Vive Macron ».

– Plutôt crever !

– Comme tu voudras !

Et la chute infernale continue… À 300 mètres d'altitude, l'ange le rattrape et lui dit :

– Jean-Luc, je te sauve la vie si tu cries « Vive Macron ».

– Va chier !

– Dommage !

À 30 mètres d'altitude (ça commence à être juste), l'ange l'attrape encore une fois et lui dit :

– Jean-Luc, je te sauve la vie si tu cries « Vive Macron ».

– Euh…

– Allez, ou tu meurs !

– Vive Macron…

– Plus fort, j'entends rien !

– VIVE MACRON !

À ce moment, un homme tape sur l'épaule de Mélenchon, et lui dit :

– Dis donc Jean-Luc, je n'ai rien contre le fait que tu dormes pendant les réunions du parti, mais que tu cries des trucs débiles, NON !

Les citations les plus drôles

« Internet. On ne sait pas ce qu'on y cherche mais on trouve tout ce qu'on ne cherche pas. »

Anne Roumanoff

Vieux golfeurs

Un vieux couple joue un championnat de golf. En play off, la dame a un put de 20 centimètres. La main tremblante, elle le rate et le couple perd le match. Sur le chemin du retour, le vieux râle :

– Comment as-tu pu rater ce put ? Il n'était pas plus long que mon pénis !

– Il est vrai, mon cher. Mais au moins, il était dur !

Taubira, démission !

Durant une tournée d'inspection d'une prison, un maton belge trouve un portable dans une cellule.

– Confisqué ! hurle le surveillant. Vous n'avez pas droit au téléphone en prison !

– Mais monsieur, répond le prisonnier, c'est un téléphone cellulaire ! se justifie le prisonnier.

– Ah… au temps pour moi, vous pouvez le garder.

Vote électronique

Deux Américains discutent de politique dans un café :

– Tu en penses quoi du vote électronique, toi ?

– Je ne vois pas l'intérêt, je peux arrêter de voter quand je veux, je ne suis pas accro.

Fausse citation

« Il fait tellement chaud aujourd'hui que j'ai failli boire de l'eau. »

Gérard Depardieu

Monsieur et madame...

Monsieur et madame Djoint ont une fille, comment s'appelle-t-elle ?

Chérifa (sheriff adjoint).

À méditer, mesdames

Donnez un poisson à un homme, il mangera un jour. Apprenez-lui à pêcher et vous serez débarrassée pour le week-end.

Blague macho

Quelle est la différence entre une femme de 150 kilos et un sanglier de 150 kilos ?

Quand on a tiré un sanglier de 150 kilos, on s'en vante.

Faire un tour

Un petit écossais demande à son papa :

– Papa, t'aurais pas 10 euros pour aller faire un tour ?

– Tiens, lui répond le père, voilà un euro et va tout droit.

Le saviez-vous ?

Au-dessus de l'œuf mollet, il y a l'œuf cuisse.

Les copains d'abord

Se rencontrant par hasard dans une soirée du PS, les deux ennemis, Benoît Hamon et Manuel Valls, cherchent un sujet de conversation qui n'ait aucun rapport avec la politique.

– Tiens, lance Hamon négligemment, la nuit dernière, j'ai rêvé que j'étais au paradis.

– Ah ! répond Valls, et est-ce que j'y étais aussi ?

– Non, répond Hamon, c'est même à ce détail que j'en ai déduit que j'étais au paradis.

à MÉDITER

Le 14 février, c'est la fête des amoureux et le lendemain, donc le 15, c'est la Saint-Claude (fête de la pipe) : ils auraient pu cumuler le même jour !

Les citations les plus drôles

« Ne faites jamais l'amour le samedi soir, car s'il pleut le dimanche, vous ne saurez plus quoi faire. »

Sacha Guitry

Champion du monde !

Teddy Riner entre dans un pub et lutte âprement pour s'installer au bar. Il a le nez cassé, deux yeux au beurre noir et l'épaule déboîtée. Le barman lui dit :

– M. Riner, je pensais que vous étiez champion du monde de judo.

– En effet, je le suis. Mais ça ne marche pas contre les voitures…

AH NON ! PAS QUESTION DE ME RENDRE À LA PREMIÈRE CONVOCATION DE PÔLE EMPLOI POUR QU'ILS ME PROPOSENT DU BOULOT ! IL PARAÎT QU'ILS TE RAYENT DES LISTES SI TU REFUSES LA DEUXIÈME PROPOSITION !

La mobylette

Un soir au dîner, la petite dernière demande à son père :

– Papa, pourquoi t'es toujours tout rouge ?

– Ben tu vois ma fille, c'est l'été, et en mobylette, tu prends des coups de soleil et ça te donne la peau toute rouge.

La fillette opine du chef mais ne paraît pas totalement convaincue.

– Mais papa, en hiver aussi t'es tout rouge…

– Oui ma fille, mais en hiver il fait froid. Sur la mobylette, le froid et la vitesse, ça te fait la peau toute rouge.

Alors la mère, excédée, saisit la bouteille de PASTIS et la tend à sa fille :

– Tiens, passe la mobylette à ton père !

C'est la rentrée

Une mère juive se précipite dans la chambre de son fils :

– Simon, tu dois te lever pour aller au lycée.

– Je ne veux pas aller au lycée.

– Tu dois y aller, lui répond sa mère.

– Non, je ne veux pas y aller. Les professeurs me haïssent et les enfants se moquent de moi.

– Simon, mon fils ! Tu n'as pas le choix, tu dois aller au lycée.

– Ouais ? Donne-moi une seule raison, lui répond Simon.

– Tu as 51 ans et tu es le principal du lycée !

Incorrigible !

Le président du tribunal dit à François Fillon :

– Vous êtes donc accusé de travail dissimulé et de détournement de fonds publics. Reconnaissez-vous les faits ?

– Oui, monsieur le président.

– Quelque chose à déclarer avant que je ne fixe le montant de l'amende ?

– Euh, oui, pourrais-je déduire l'amende de mes impôts ?

Les citations les plus drôles

– « C'est pas compliqué, en politique, il suffit d'avoir une bonne conscience, et pour ça il faut avoir une mauvaise mémoire. »

Coluche

SOS racisme

Deux amis discutent.

– Je ne suis pas raciste, mais je préfère mon croque-monsieur en diagonale.

– Mais c'est pas du racisme.

– Je t'ai dit que je n'étais pas raciste !!!

L'homme et le billard

Quel est le point commun entre un homme et un billard ?

Pour diriger la boule, il faut utiliser la queue.

Une affaire de famille

François Fillon est convoqué par le juge :

– M. Fillon, comment expliquez-vous ces transferts de comptes entre vous et vos enfants ?

– Disons, répond Fillon, que j'ai donné un peu d'argent de Porsche à mes enfants. Et alors ?

Guerre, épais

Une bibliothécaire se plaint à une collègue :

– Qu'est-ce que je déteste Tolstoï ! Écrire quatre tomes de *Guerre et paix*, il y a de quoi devenir dingue !

– Pourquoi, tu les as lus ?

– Non, je les ai scannés !

Le feu rouge

Un gendarme fait stopper une automobile :

– Vous n'aviez pas vu le feu rouge ?

– Si, si. C'est vous que je n'avais pas vu.

C'est le comble !

Quel est le comble pour un fumeur ?

Tirer sa clope et se faire fumer par sa femme.

HEU... J'AI VOTÉ POUR QUI, MOI, AUX DERNIÈRES ÉLECTIONS PRÉSIDENTIELLES, BERNADETTE, DITES MOI ?
POUR HOLLANDE, REGARDEZ : VOUS M'AVIEZ DONNÉ UNE PROCURATION.
Dansou

À consommer avec modération

Dans un café parisien, un homme est en train de s'enivrer en buvant cognac sur cognac.

Une dame qui se trouve à la table voisine lui dit :

– Monsieur, vous devriez arrêter. Songez que chaque année, l'alcool tue plus de trente mille Français…

Et l'autre répond :

– Je m'en fous, je suis belge !

Attaque préventive

En Syrie, Bachar al-Assad a fixé le couvre-feu à 21 heures.

À 20 h 30, une patrouille de militaires croise un vieux syrien marchant tranquillement dans la rue. Un soldat sort son pistolet et l'abat froidement.

– Mais tu es dingue ! lui hurle son chef. Il n'est que 20 h 30, pourquoi as-tu tiré ?

– Parce que je le connais, il marche lentement, il lui faut plus d'une demi-heure pour rentrer chez lui !

La vieillesse est un naufrage

Tu comprends que tu as vieilli quand tu perds une dent et que la petite souris te laisse un devis au lieu d'une pièce.

à MÉDITER

En amour, il est préférable de roucouler pour mieux sauter.

Papa poule

Pourquoi Donald Trump a-t-il décidé d'envahir l'Irak ?

Parce qu'un jour il a demandé à sa fille Ivanka :

– Qu'est-ce que tu veux comme cadeau pour ton anniversaire ?

Elle a répondu :

– A new bag Dad.

La politique pour les très nuls

– Papa, c'est quoi la politique ?

– Donne-moi ta tirelire, répond le père en souriant, c'est pour ton bien.

– Mais papa.

– C'est ça la politique.

À droite toute !

Deux hommes de droite discutent politique dans un bistrot :

– Je pense qu'il faut d'abord aider les pauvres français avant les migrants !

– Oui ! Tu vas aider les Français pauvres toi ?

– Ces assistés ? Certainement pas !

Les citations les plus drôles

« Fiston, lorsque tu participes à des événements sportifs, le but n'est pas de savoir si tu vas gagner ou perdre, mais à quel point tu seras ivre. »

Homer Simpson

L'incroyable famille Kardashian !

À bord d'un Airbus en direction de Los Angeles, Kim Kardashian s'installe sur un siège en première classe. L'hôtesse lui demande de se déplacer, son billet n'étant valable qu'en classe éco. Mais la bimbo refuse, répondant qu'elle est belle, sexy, intelligente et célèbre. Le chef de cabine lui demande à son tour de changer de place mais elle refuse à nouveau, arguant qu'elle est belle, sexy, intelligente et célèbre. Le personnel, à court d'arguments, demande alors au commandant de bord de venir la convaincre. Celui-ci discute avec elle quelques secondes et, à la grande surprise de l'équipage, Kardashian se lève et va s'asseoir tranquillement à sa place, en classe économique. L'hôtesse demande alors au commandant ce qu'il lui a dit pour la convaincre.

– C'est simple, lui répond-il, je lui ai juste dit que la première classe n'allait pas jusqu'à Los Angeles.

Demande en mariage

Un vieux monsieur fréquente le même club du troisième âge qu'une veuve qu'il aime en secret. Un jour, prenant son courage à deux mains, il lui demande de l'épouser, ce qu'elle accepte avec enthousiasme. Le lendemain, le vieux monsieur lui téléphone :

– Ce que j'ai à vous dire est quelque peu embarrassant. Hier, je vous ai demandé en mariage, mais je ne me souviens pas si vous m'avez répondu oui ou non.

– Mais comme je suis contente que vous m'appeliez, répond la petite vieille, je me souvenais avoir dit oui, mais je ne savais plus à qui !

Parole de boudhiste

Si quelqu'un te jette une pierre, jette-lui une fleur… mais n'oublie pas le pot avec !

Monsieur et madame...

Monsieur et madame Groischémoichépakoienfaire ont un fils, comment s'appelle-t-il ?
Gédéon (j'ai des Hongrois chez moi je sais pas quoi en faire).

à MéDiTeR

Depuis le 7 mai dernier, les Français de plus de 40 ans ont un point commun avec Julie Gayet, ils ont pris un coup de vieux à cause du président.

La dictée de Pivot

Bernard Pivot rentre chez lui à l'improviste et trouve sa femme nue dans le lit, en train de faire l'amour avec un homme.

L'amant dit à la femme :

– Quand je te disais qu'il était temps que je m'en aille…

Pivot dit alors à l'amant :

– Monsieur, vous devriez avoir honte !!! On ne dit pas « que je m'en aille » mais « que je m'en allasse »…

Macron en Corse

Pendant la campagne électorale, Emmanuel Macron fait un discours en Corse :

– Je vous le promets, tout sera mis en œuvre pour que vous ayez tous du travail…

La foule l'interrompt :

– À mort le provocateur !!!

Blonde en pression

Un aveugle rentre par hasard dans un bar lesbien et dit à la barmaid :

– Mademoiselle, vous voulez que je vous raconte une blague sur les blondes ?

La barmaid répond :

– Écoutez, à votre gauche, il y a une cliente blonde, championne de karaté, à votre droite, une autre blonde, championne de catch, derrière vous elle est blonde et championne de kick-boxing et moi, je suis blonde et très irritable, alors vous voulez toujours la raconter votre blague de blonde ?

Et l'aveugle répond :

– Oh non, surtout pas, il faudrait que je la répète quatre fois !

Ascenseur pour l'échafaud

Dans un ascenseur, il y a un ouvrier, un membre du bureau politique des Républicains soutenant Fillon et le Père Noël. L'un d'entre eux va au cinquième étage, lequel ?

– L'ouvrier, parce que le Père Noël et le membre du bureau des Républicains soutenant Fillon, ça n'existe pas.

Pollution nocturne

DSK appelle un ami et lui dit :

– Salut Dodo, j'ai entendu à la radio qu'il y avait à Paris trop de parties cul fines !

– Dominique, ne rêve pas, lui répond son ami, il s'agit de la pollution aux particules fines.

LE REDOUBLEMENT, LA VACCINATION OBLIGATOIRE ... BIENTÔT ON AURA LE RETOUR DU LATIN ET LE PORT DE L'UNIFORME À L'ÉCOLE !
SI JE RÉUSSIS À SÉDUIRE MA PROF JE REVIENDRAI SUR TOUT ÇA QUAND JE SERAI PRÉSIDENT !
RANSON

Journée sans tabac

Un homme croise son ami DSK, très déprimé.

– Ben qu'est-ce qui t'arrive Dominique ?

– Il paraît qu'aujourd'hui, c'est la journée sans tabac.

– Oui, et alors ?

– Bah, j'espère que les pipes ça compte pas, parce que sinon ça sera la journée la plus longue de ma vie.

Lu dans le journal de Bethléem

Un nouveau-né retrouvé dans une étable : un menuisier et une mineure (vraisemblablement la mère) mis en garde à vue.

Hier, les autorités ont été interpellées par un citoyen visiblement tracassé. Une jeune famille s'était installée dans son étable. Arrivant sur les lieux, la police a découvert un nouveau-né enveloppé dans des morceaux de tissu, et dormant dans la mangeoire. Un homme, identifié plus tard, Joseph H. (de Nazareth), essayait d'empêcher les autorités d'emmener l'enfant afin de le mettre en lieu sûr.

Il était aidé par plusieurs bergers et par trois étrangers non identifiés. Les trois étrangers, se présentant comme mages, ont été arrêtés. Le ministère de l'Intérieur s'interroge sur l'origine de ces trois hommes. Le préfet a confirmé qu'ils n'avaient pas de papiers d'identité mais qu'ils avaient sur eux de l'or ainsi que des produits suspects. Ils prétendent que Dieu leur a dit de ne pas répondre aux questions…

Les produits suspects ont été envoyés au laboratoire afin d'y être analysés.

Le lieu où le nouveau-né se trouve actuellement n'a pas été communiqué.

Il semble d'ailleurs que ce cas soit délicat. Le service social nous a communiqué que le père a la cinquantaine et que la mère n'est certainement pas majeure. La relation entre ces deux personnes sera vérifiée au cours des prochaines heures.

Marie sera très prochainement transférée à l'hôpital universitaire de Bethléem pour des examens médicaux et psychiatriques.

Elle prétend être encore vierge et que le bébé vient de Dieu. Son état mental sera évalué par le responsable du service de psychiatrie, afin de déterminer si elle doit être mise en examen, ou si elle et Joseph pourront réintégrer une vie normale après un traitement adéquat. Il semblerait que la consommation de drogues, probablement amenées par les trois étrangers, soit pour beaucoup dans cette triste affaire.

À l'heure où nous rédigeons ces lignes, on apprend que les bergers présents sur les lieux affirment avoir vu un grand homme, tout de blanc vêtu, qui leur aurait ordonné de se rendre à l'étable, avant de s'envoler. Afin de connaître leur alcoolémie et les drogues consommées, des analyses de sang sont en cours.

Joyeux Noël !

Fake news

François Hollande et Vladimir Poutine font une course à vélo, et c'est Hollande qui gagne. *La Pravda* titre en gros le lendemain :

« Notre camarade Poutine brillant deuxième, Hollande avant-dernier. »

Trou du cul

Qu'est-ce qu'une femme mariée fait à son trou du cul tous les matins ?

Elle l'habille et elle l'envoie au boulot.

Pôle emploi

Un demandeur d'emploi écrit à la responsable de Pôle emploi :

Madame,

Je me permets de contester votre décision de me radier de la liste des demandeurs d'emploi.

Certes, et je le concède, j'ai refusé le dernier poste que vous m'avez proposé, mais mon parcours professionnel me donne toutes les excuses : longtemps, j'ai travaillé à Limoges… puis j'ai été limogé.

Vous m'avez vanté la mobilité, j'ai donc accepté un emploi à Vire… et j'ai été viré. Comme par miracle, vous m'avez trouvé un emploi à Lourdes… malheureusement, j'ai été lourdé.

Dans ces conditions, j'espère que vous comprendrez pourquoi je refuse catégoriquement le poste que vous me proposez à Castres.

Avec tous mes regrets.

Taxi 5

Deux chauffeurs de taxi se rencontrent :

– Eh dis donc ! Comment ça se fait que tu as un côté de ta voiture peint en rouge et l'autre peint en bleu ?

– Ah ! C'est en cas d'accident… Comme ça les témoins ne pourront que se contredire.

Chat alors !

Comment appelle-t-on un chat qui explose quand on téléphone avec ?

Un chamesung.

Un bel hommage

Deux blondes discutent. L'une des blondes se tait et baisse les yeux.

– Qu'est-ce que tu fais ?

– Aujourd'hui, c'est la journée mondiale de l'orgasme.

– Et alors ?

– Et alors je fais une minute de silence en hommage à tous ceux qui sont partis trop tôt.

Un bien beau métier

– Que fait ton fils ?

– Il est opticien-ébéniste.

– C'est pas un métier ça !

– Si, il fabrique des lunettes de w.-c.

Gros comme ça

Une étudiante de retour d'un voyage aux États-Unis raconte à sa famille, gestes à l'appui :

– Là-bas, aux States, tout a une autre dimension ! Tenez les fruits par exemple : ils ont des pamplemousses gros comme ça… des bananes longues comme ça…

Alors, la grand-mère, qui est complètement sourde, dit :

– C'est bien joli tout ça ! Mais est-ce que ce jeune homme a une bonne situation ?

Le grand bleu

Deux copains discutent. Le premier se vante :

– Tu as vu ma nouvelle montre ? Elle coûte une fortune mais ça vaut le coup. Tu te rends compte qu'elle est étanche jusqu'à 200 mètres de profondeur !

– Ah oui, c'est pratique ! répond l'autre. Au cas où une dorade te demande l'heure.

Sous X

Deux copains discutent :

– Ça s'est bien passé l'accouchement de ta femme ?

– Bof, on avait demandé un accouchement sous X.

– Et alors ?

– Alors, non seulement on n'a pas eu de porno, mais en plus ils nous ont piqué notre gosse !

L'empathie

– Papa, c'est quoi l'empathie ?

– C'est la capacité qu'on a à se mettre à la place des autres.

– Comme toi sur les places des handicapés ?

Voilà !

ON A GAGNÉ !
ON A GAGNÉ !!
QUI ÊTES-VOUS, MONSIEUR ? JE NE VOUS CONNAIS PAS.
Panson

Boire ou conduire...

Deux hommes rentrent d'une tournée des bars en voiture. Ils sont complètement ivres. Tout à coup, le conducteur se rend compte qu'une voiture avec un gyrophare bleu est juste derrière, puis la voiture de police les double et leur fait une queue de poisson pour leur intimer l'ordre de se ranger.

– Merde ! Les flics ! On va encore être obligés de rentrer à pied !

– Attends ! lui répond son copain, j'ai une idée. Fais exactement comme moi et ensuite quand le policier arrivera, tu me laisseras parler.

Et l'homme prend une cannette de bière, décolle l'étiquette et se la colle sur le front. Ensuite, il cache la canette sous son siège. Le conducteur l'imite sans rien dire. Le policier arrive au niveau de la portière, regarde les deux ivrognes avec leur étiquette Heineken sur le front ? Puis, il leur demande les papiers du véhicule ainsi que le permis de conduire du conducteur.

Après les avoir soigneusement contrôlés, il demande au conducteur :

– Vous n'auriez pas abusé de la boisson par hasard ?

Ce dernier lui répond :

– Non, monsieur l'agent. On n'a rien bu ce soir.

Le policier persiste :

– Vous me permettrez d'en douter ; on vous a suivi tout à l'heure et on a bien remarqué que vous ne rouliez pas droit ! Et puis d'abord, comment vous expliquez ce que vous avez sur le front ?

Alors le passager répond :

– Ben, vous voyez, on est tous les deux des alcooliques chroniques, et on s'est placé un patch sur le front pour arrêter.

Le chimpanzé

Un Belge se promène avec un petit chimpanzé.

Voulant entrer dans une boulangerie où tous les animaux sont interdits, il demande à une jeune femme de passage si elle ne voudrait pas lui garder son petit singe pendant quelques minutes.

La jeune femme accepte volontiers et joue avec la petite bête.

Passe une vieille dame qui demande :

– D'où c'est que vous avez eu ça ?

La jeune femme répond :

– D'un Belge !

Et la mémé de rétorquer :

– Et ils n'ont rien remarqué à l'échographie ?

Les citations les plus drôles

« On ne ment jamais tant qu'avant les élections, pendant la guerre et après la chasse. »

Georges Clemenceau

Les primaires

Deux hommes de droite discutent politique dans un bistrot :

– C'est bizarre d'avoir appelé ça les primaires de la droite.

– Pourquoi tu dis ça ?

– Vu qu'on va forcément se faire baiser aux présidentielles, c'est pas des primaires qu'il faut organiser, c'est des préliminaires !

C'est la lutte finale...

– Je crois que ma collègue de bureau est communiste.

– Pourquoi tu dis ça ?

– Bah, parce qu'elle met des faux cils et qu'elle est complètement marteau.

Obsolescence programmée

Deux amis discutent :

– C'est toujours la même chose, on en prend un, il marche un an, puis il déconne ! On en prend un nouveau et il fait pareil que l'ancien, il déconne !

– Tu parles de téléphone portable ?

– Non, du gouvernement !

Dépité

Un député est hospitalisé. Il reçoit un bouquet de fleurs accompagné d'un petit mot :

« L'assemblée nationale vous souhaite un prompt rétablissement à 290 voix contre 286. »

Monsieur et madame...

Monsieur et madame Pourlavaisselle ont un fils, comment s'appelle-t-il ?

Vladimir (v'là du Mir pour la vaisselle).

L'OCCIDENT A BESOIN DE L'IRAN ET DE LA RUSSIE POUR COMBATTRE LA MENACE TERRORISTE !
ET AUSSI POUR VENIR À BOUT DU DANGER HOMOSEXUEL !
Ranson

Ça ne va pas faire rire Vladimir !

Un Russe dit à sa femme :

– J'en ai marre de ce pays où l'on manque de tout et où il faut sans arrêt faire la queue ! Tu veux acheter du pain, tu fais la queue une demi-heure. Tu veux acheter des patates, tu fais la queue une heure, et pour des médicaments, c'est deux heures de queue ! Cette fois, ce n'est plus possible…

Il prend un grand couteau de cuisine et part en disant :

– Je vais tuer Poutine !

– Mais tu es fou ! Tu vas te faire arrêter et torturer !

L'homme ne l'écoute pas et il disparaît au coin de la rue. Trois heures plus tard, il revient. Sa femme demande :

– Alors, tu as tué Poutine ?

– Non, je n'ai pas pu. Si tu avais vu cette putain de queue !

Coin-coin

Quel est le canard le plus infidèle ?

Donald, car Donald Trump sa femme.

Les citations les plus drôles

« Dans les magazines gays, dans la partie humour, il y a une fille à poil, avec en titre : Rions un peu ! »

Pierre Bénichou

C'est l'effet papillon

Une femme confie à son nouveau fiancé :

– J'ai des papillons dans le ventre.

– Ah bon ? Tu ne m'avais pas dit que tu étais végétarienne quand on s'est rencontrés ?

Chacun son boulot

– Docteur, je souffre !

– De quoi ?

– Aucune idée, c'est vous le médecin !

Entre démocrates

Kim Jong-il raconte une histoire à Vladimir Poutine :

– Tu connais la blague de l'opposant qui gagne les élections ?

– Non.

– Moi, non plus.

Racolage passif

Une prostituée est interpellée par la police en plein racolage. Elle regarde les policiers et proteste :

– Mais je ne me prostitue pas ! Je vends des préservatifs avec démonstration gratuite !

Ambition

Deux grands-mères juives se croisent au parc Monceau à Paris et vont s'asseoir sur un banc.

– Oye, je suis bien fatiguée, dit Sarah.

– Ah, qu'est-ce qu'il y a encore ? demande Rebecca.

– Eh bien, c'est Jacob qui fait ses dents alors je n'ai pas dormi.

– Jacob, tu veux dire le futur pianiste ?

– Mais, non, le futur chirurgien.

Inversion de la courbe

Avant les élections, deux amis parlent politique :

– Je trouve que François Hollande aurait pu être un bon acteur. Il est capable de nous faire pleurer simplement en lisant les statistiques du chômage.

– C'est vrai, mais beaucoup de gens pleurent, depuis qu'il est au pouvoir, en lisant les statistiques du chômage.

Arme de distraction massive

Deux terroristes de Daesh en Belgique partent en voiture poser une bombe. Le conducteur roule pied au plancher, l'autre lui dit :

– Tu es dingue ! Roule moins vite ; si on passe sur un nid-de-poule, la bombe va exploser.

– Ne t'inquiète pas, répond l'autre. J'en ai une autre dans le coffre.

PRÉSIDENT DE LA RÉPUBLIQUE À 39 ANS, C'EST EXTRAORDINAIRE !
TU VAS VOIR QUE RETRAITÉ À 62 ANS COMME TOI, ÇA VA BIENTÔT PARAÎTRE AUSSI EXTRAORDINAIRE !
Ranson

État d'urgence

– Qu'est-ce qui t'arrive ? Ça fait longtemps que je ne t'ai pas vu.

– M'en parle pas, je me suis fait arrêter pour avoir donné un coup de poing à un type le soir du 31 décembre.

– Pourquoi t'as fait ça ?

– Mets-toi à ma place, quand j'ai entendu un Arabe sur les Champs-Élysées faire un compte à rebours de 10 à 0, je n'ai écouté que mon instinct.

Aïe aïe aïe !

Trois mères juives se retrouvent pour le thé. Ça commence à jacasser :

– Aïe aïe aïe ! dit la première.

– Aïe aïe aïe ! dit la deuxième.

– Aïe aïe aïe ! dit la troisième. Allez, assez parlé des enfants, parlons d'autres choses !!!

Pauvre Nadine

Que se dit Nadine Morano lorsqu'elle voit une peau de banane par terre ?

« Oh zut, je vais encore tomber. »

Sagesse chinoise

Les cinq préceptes de la sagesse chinoise destinés aux femmes :

1. Il est important de trouver un homme qui t'aide dans les tâches ménagères et travaux pénibles, et qui ait un bon emploi.

2. Il est important de trouver un homme d'esprit, ayant beaucoup d'humour, qui te fasse rire.

3. Il est important de trouver un homme sur qui tu puisses compter, en qui tu aies confiance et qui ne te mente jamais.

4. Il est important de trouver un homme qui soit bon au lit, qui aime te faire l'amour.

5. Il est important que ces quatre hommes ne se connaissent pas…

Le point commun

Quel est le point commun entre l'équipe de France et Alain Juppé ?

Se voir en finale avant de disputer le premier tour.

L'homme et la grenouille

Quelle est la différence entre un homme et une grenouille ?

Le « gre ».

Les citations les plus drôles

– « L'amour, c'est un sport. Surtout s'il y en a un des deux qui veut pas. »

Jean Yanne

Bilan du quinquennat

En Conseil des ministres, Manuel Valls demande au président Hollande :

– Alors, monsieur, la réforme de l'orthographe avance ?

– Oui, ça va.

– Et le chômage ?

– Le chômage ? demande Hollande. Pas d'accent sur le o !

Ça s'arrange

Deux immigrés russes parlent de leur ancien pays :

– Tu sais, depuis notre départ, le régime s'est assoupli. Poutine a même organisé un concours de la meilleure blague politique.

– Ah bon, et quel est le premier prix ?

– Dix ans de prison !

Gratin de quenelles

Pourquoi Dieudonné ne va-t-il jamais au Louvre ?

Parce qu'il ne supporte pas les toiles de David.

DICTIONNAIRE 2018

Footballeur professionnel : homme aimant jouer avec un ballon (voir définition de l'otarie).

VOUS NE PAYEZ PAS D'IMPÔTS, VOUS ! VOUS N'AVEZ JAMAIS DE REDRESSEMENT FISCAL POURTANT !
VOUS VOYEZ QU'ELLE EXISTE L'IMMUNITÉ OUVRIÈRE DONT PARLAIT POUTOU !
Ranson

Habemus papam !

Lors de l'élection du pape, un journaliste interroge une blonde sur la place Saint-Pierre à Rome et lui demande :

– Mademoiselle, savez-vous comment on procède pour faire sortir de la fumée noire des cheminées du Vatican ?

La blonde très sûre d'elle :

– Bah, c'est facile, les cardinaux brûlent des pneus.

– Oui, c'est une possibilité, lui répond le journaliste très amusé. Et pour la fumée blanche ?

– Bah, ils brûlent des pneus neige !

À perdre haleine

Un homme rentre de son footing et dit à sa femme :

– J'ai couru à perdre haleine !

– Ouais, répond sa femme. Ben continue, tu l'as pas tout à fait perdue.

FLASH INFO

Vincent Lindon vient d'être blanchi par la commission des tics.

Humour noir

– Madame, on a réussi à sauver la jambe de votre fils, annonce fièrement le chirurgien.

– Oh merci docteur, merci, merci, merci !

– Votre fils, lui, est mort par contre.

Message très important des femmes aux hommes

Oui, on met des décolletés pour que vous les regardiez mais on ne doit pas vous voir le faire.

Catastrophe naturelle

Un terrible tremblement de terre vient de frapper le Mali. On parle de plusieurs centaines de milliers de morts et encore plus de blessés.

Le pays est ruiné. L'électricité coupée, même à Bamako. Les conduites d'eau sont brisées, les ponts détruits.

La communauté internationale se mobilise. Les États-Unis envoient des militaires, l'Arabie saoudite du pétrole, l'Europe des vivres et des médicaments, des tentes et des centaines de secouristes et Cuba, des médecins.

Et en France, pour ne pas être en reste, Marine Le Pen demande au gouvernement français qu'ils envoient 2 000 Maliens en remplacement.

à MÉDITER

Ce qu'il y avait de moins enviable dans les galères, c'était les places assises.

Top chef

Que faire quand un animal a la patte brisée ?

Une quiche.

La Nouvelle Tsar

Après avoir annexé la Crimée, Vladimir Poutine va en Amérique du Nord pour racheter l'Alaska. Il rencontre le chef des Esquimaux qui lui dit :

– Si vous voulez acheter notre territoire, ça va vous coûter très cher.

– J'ai les moyens, lui répond Poutine, en lui offrant un collier.

– C'est quoi ça ? demande l'Esquimau.

– C'est un collier russe ! répond Poutine.

– C'est moche, je ne suis pas un clodo, donnez-moi plutôt de l'argent.

Poutine lui tend alors une pleine valise de billets.

– C'est quoi ça ? demande à nouveau l'Esquimau.

– Ce sont des roubles, la monnaie russe.

– Ok, répond le chef des Esquimaux, donne-moi plutôt le collier.

Délit de racolage

Najat Vallaud-Belkacem entre dans le bureau de François Hollande et lui dit :

– Ça y est, je viens de faire passer ma loi. Le racolage est maintenant un délit.

– Mais tu es dingue ! s'énerve le président. On va faire comment pour les élections.

– François, je te rassure, répond la ministre, ce n'est que le racolage des prostituées qui est interdit.

L'inauguration

Nadine Morano vient de recevoir un nouvel ordinateur pour son bureau.

Pour l'inaugurer, elle offre à ses collaborateurs le champagne, puis elle s'empare d'une paire de ciseaux et, symboliquement, elle coupe le fil.

Une devinette qui ne va pas faire rire Fillon

Quelle est la différence entre un fonctionnaire qui ne glande rien et une attachée parlementaire ?

L'attachée parlementaire est payée le triple.

Les citations les plus drôles

– « Le lit est l'endroit le plus dangereux du monde puisque 99 % des gens y meurent. »

Mark Twain

Taken

Quel est le point commun entre un mari kidnappé et l'appendicite ?

Les deux vous ont fait très mal, et après qu'on les ait enlevés, vous vous rendez compte qu'ils ne vous servaient à rien.

Les brebis

Après son échec cuisant à la présidentielle, Jean Lassalle décide de redevenir berger. Il fait paître tranquillement son troupeau de brebis dans une montagne des Pyrénées lorsqu'un 4x4 rutilant arrive près de lui, soulevant un nuage de poussière.

Un homme en costume Armani, Ray-Ban sur la tête et mocassins Berlutti aux pieds, sort de la voiture se dirige vers Lassalle et lui dit :

– Monsieur, si je peux vous dire exactement combien de brebis vous avez dans votre troupeau, m'en donnerez-vous une ?

– C'est d'accord, lui répond le berger amusé par l'énergumène.

L'homme sort alors son ordinateur Apple dernier cri, le branche à une balise satellitaire, se connecte à un satellite de la NASA et commence son relevé. Au bout d'une heure, il revient vers le berger et lui dit fièrement :

– Vous avez exactement 896 brebis dans votre troupeau !

– C'est exact, lui répond Jean Lassalle, comme convenu choisissez une brebis.

L'homme choisit une bête et la met dans le coffre de son 4x4.

Lassalle interpelle l'homme :

– Monsieur, si j'arrive à deviner votre profession, me rendrez-vous ma bête ?

– Oui, bien sûr.

– Vous êtes un énarque et vous faites des audits pour la Commission européenne.

– C'est exact, lui répond l'homme, comment avez-vous deviné ?

– C'est facile, vous débarquez devant moi alors que personne ne vous a rien demandé. Vous voulez être payé pour répondre à une question dont je connaissais déjà la réponse et vous ne semblez absolument rien connaître au métier de berger. Maintenant monsieur, soyez gentil, rendez-moi mon chien et cassez-vous !

Les citations les plus drôles

– « La différence entre le sexe et la mort, c'est que mourir, vous pouvez le faire seul et personne ne se moquera de vous. »

Woody Allen

Les courses

Une femme interpelle son mari :

– C'est bon, tu as fait les courses ?

– Oui, c'est fait, répond fièrement l'homme.

– Tu as acheté quoi ?

– 65 litres d'alcool et 200 grammes de tomate, c'est bon ?

À méditer, mesdames

Les hommes, c'est comme les chiottes : soit ils sont occupés, soit ils sont merdiques…

L'école est finie

Deux amis discutent dans un bar :

– Je pense que l'école doit mieux préparer les enfants à affronter l'avenir.

– En faisant quoi ?

– En leur faisant lire *Les Misérables* par exemple.

À poil !

Rihanna vient chanter pour les troupes américaines en Afghanistan. À la fin de la première chanson, elle fait un triomphe et les GI crient :

– En soutien-gorge ! En soutien-gorge ! En soutien-gorge !

Pour faire plaisir aux troupes, Rihanna ôte sa robe de scène et entame sa deuxième chanson. Nouveau triomphe et les GI crient :

– En slip ! En slip ! En slip !

Habituée aux tenues sexy, la jeune chanteuse ôte son soutien-gorge et chante sa troisième chanson. Tonnerre d'applaudissements, et les GI hurlent en chœur :

– À poil ! À poil ! À poil !

Rougissante, elle leur fait signe que non mais depuis les coulisses, le président Trump insiste :

– Madame, vous savez, ces hommes ont beaucoup souffert en se battant contre les terroristes et les talibans. Ils seraient tellement heureux si…

Rihanna cède et entame sa quatrième chanson, entièrement nue. À la dernière note, un silence de mort envahit la salle, pas un applaudissement, rien. La chanteuse, décontenancée, quitte la scène et le président américain lui dit :

– Ne vous inquiétez pas, c'est normal. Comment voulez-vous qu'ils applaudissent avec une seule main de libre !

Alerte enlèvement

Une blonde fait face à de graves ennuis financiers. Désespérée, elle décide de kidnapper un jeune enfant pour obtenir une rançon. Elle descend au square, attrape un enfant au hasard, se cache avec lui derrière une haie et écrit sur un papier :

« J'ai kidnappé votre enfant. Pardonnez-moi, j'ai besoin d'argent. Mettez 15 000 euros dans un sac et déposez-le sur le banc à côté de l'église avant minuit ce soir.

Signé : Une blonde. »

Elle agrafe sa lettre au pull du petit et lui dit de rentrer directement chez lui.

Le soir même, avant minuit, elle redescend de chez elle pour récupérer sa rançon. Comme elle l'a demandé, le sac est là avec l'argent et un petit mot :

« Voici votre argent. Je n'aurais jamais cru qu'une blonde puisse faire ça à une autre blonde. »

Complètement timbré !

Depuis que Donald Trump est devenu président, il veut un timbre à son effigie. Il demande qu'on lui fasse un timbre d'excellente qualité.

Les timbres sont créés, imprimés et distribués. Trump est très content, mais au bout de quelques jours, il reçoit des plaintes car le timbre ne colle pas.

Il convoque les responsables et demande une enquête. Celle-ci est menée dans plusieurs bureaux de poste et les conclusions sont envoyées à Trump :

« Il n'y a rien d'anormal avec la qualité des timbres ou de la colle ; le problème vient du fait que les gens ne crachent pas du bon côté. »

Dictionnaire 20

Orteil : petit appendice servant à détecter le coin des meubles dans le noir total.

Partie de pêche

Un homme appelle sa femme et lui demande :

– Chérie, on m'a invité pour un voyage de pêche avec mon patron et quelques-uns de ses amis. Nous serons partis pour une semaine. Tu sais, cela représente une bonne opportunité pour obtenir cette promotion que j'attends depuis si longtemps, alors peux-tu, s'il te plaît, me faire une valise avec assez de vêtements pour une semaine entière et préparer ma ligne et ma boîte à pêche. Nous partirons directement du bureau et je passerai par la maison rapidement pour prendre mes affaires. Oh, peux-tu mettre dans mes bagages mon nouveau pyjama en soie bleue ?

Elle trouve bien étrange l'histoire de son mari mais, en bonne épouse qu'elle est, elle fait exactement ce que son mari lui a demandé.

La semaine suivante, le mari revient à la maison un peu fatigué mais, somme toute, content de son voyage. Sa femme l'accueille à la maison et lui demande s'il a pris du poisson et combien il en a pris.

Il lui répond :

– Oh oui, beaucoup de saumons, des carpes soleil et quelques espadons. Mais au fait, pourquoi n'as-tu pas mis dans mes bagages mon nouveau pyjama en soie bleue comme je te l'avais demandé ?

Et sa femme de lui répondre :

– Je l'ai mis… il est dans ta boîte à pêche !!!

Brève de con toire

Deux alcoolos discutent dans un bistrot :

– Tu as vu ce qu'a dit Marine Le Pen, elle a dit que le FN n'était ni raciste ni d'extrême droite.

– Ah oui ? répond le deuxième, alors pourquoi veux-tu qu'on vote pour eux alors !

EN MARCHE !
FERRAND
Ranson

L'enfer en enfer

Jean-Marie Le Pen vient de mourir et il se présente à la porte du ciel :

– Vous plaisantez ? lui dit saint Pierre. Vous prétendez entrer au paradis avec tout ce que vous avez fait ? Mais foutez-moi le camp d'ici, misérable ! Allez, ouste, en enfer !

Le lendemain, saint Pierre est réveillé par un brouhaha à la porte du paradis. Il ouvre et tombe nez à nez avec une foule de démons, damnés et diablotins…

– Mais qu'est-ce que vous fichez là ? s'exclame-t-il. Pourquoi n'êtes-vous pas en enfer ?

– On vient demander asile ! explique un diable. On a quitté l'enfer, tant qu'on pouvait encore le faire !

Looseuse

Durant la campagne électorale de 2016, Bill et Hillary Clinton sont au lit, dans un hôtel, en train de dormir.

Vers 3 heures du matin, Hillary se réveille car elle a besoin d'aller faire pipi. Alors elle secoue Bill comme un prunier et lorsqu'il se réveille, elle lui dit :

– Bill, je vais aux toilettes.

– Mais enfin, répond son mari, tu n'as pas besoin de me réveiller pour me dire ça ! Tu vas aux toilettes, et puis c'est tout !

– C'est que, répond Hillary, je voulais être sûre que tu me gardes ma place.

La culture avec un grand Q

Deux anciennes participantes des « Anges », l'émission de téléréalité, visitent le musée du Louvre.

L'une d'entre elles tombe en arrêt devant une momie égyptienne :

– Pourquoi ils ont écrit 2050 AV JC ? demande-t-elle à sa copine.

– Mais réfléchis un peu, c'est le numéro de la voiture qui l'a écrasé.

Doc gynéco

Une jolie femme consulte son gynécologue accompagnée de son enfant de 6 ans. Le médecin commence par lui palper longuement les seins. L'enfant le fixe sans arrêt et le médecin lui demande :

– Tu sais ce que je fais, petit ?

– Oui docteur, vous palpez ma maman pour trouver des nodules !

Étonné, le médecin fait allonger la patiente et commence à examiner son sexe :

– Tu sais ce que je fais, petit ?

– Oui, docteur, vous lui faites un frottis vaginal !

Énervé, le gynéco décide d'enfourcher la femme et commence à lui faire l'amour :

– Et maintenant, petit, tu sais ce que je fais ?

– Oui, docteur, vous êtes en train d'attraper la maladie pour laquelle ma maman est venue vous voir !

L'archevêque et le rabbin

Un archevêque et un rabbin dînent ensemble. Au milieu du repas, l'archevêque remarque que le rabbin ajoute de l'eau à son vin.

– Que vois-je, dit l'archevêque, moqueur, vous baptisez votre vin.

– Pas du tout, répond le rabbin, je le coupe.

Jet de tomates

Au tribunal, le juge demande :

– Accusé, confirmez-vous n'avoir jamais lancé que des tomates à la tête de François Fillon lors de la campagne présidentielle ?

– Je confirme, monsieur le juge !

– Alors comment se fait-il que M. Fillon soit couvert de bleus et de bosses ?

– Est-ce de ma faute si elles étaient en conserve ?

Pour vous, mesdames

Petit message pour les filles qui aiment les hommes francs et sincères :

Les filles, vous avez pris du poids !

Salut les copains

Le saviez-vous ? Claude François aurait été victime d'un attentat d'al-Qaida.

Il aurait été tué par un Coran alternatif.

À la conquête de Mars

Deux astronautes atterrissent sur Mars. Leur mission : vérifier s'il y a, oui ou non, de l'oxygène sur cette planète.

– Donne-moi la boîte d'allumettes, demande le premier à son collègue. S'il y a de l'oxygène dans l'atmosphère, l'allumette s'enflammera.

Au moment où il essaie d'allumer l'allumette, il voit débarquer un Martien qui lui dit :

– Non, non, ne faites pas ça !

Surpris et un peu inquiet, l'astronaute dit à son collègue :

– Tu crois qu'il y a un gaz inflammable dans l'atmosphère de cette planète ?

– Prenons le risque, essaie quand même, lui répond son collègue.

Alors qu'il sort à nouveau une allumette de la boîte, une dizaine de Martiens, tous plus en colère les uns que les autres, entourent les deux hommes en leur hurlant :

– Non, non, ne faites pas ça !

– Mais pourquoi ne voulez-vous pas que j'allume cette allumette ? demande l'astronaute à un Martien.

– Parce qu'aujourd'hui, c'est shabbat !

69

– Papa, c'est quoi le 69 ?

– Heuuuu, bafouille le père en rougissant, c'est quand une madame et un monsieur se font en même temps des bisous sur le zizi.

– Non, papa, mais comme département !

Culture générale

Connaissez-vous le sexe des cigognes qui livrent les bébés ?

Des mâles forcément. Avez-vous déjà vu des femmes fermer leur bec plus de cinq minutes ?

Première dame

Emmanuel Macron et Brigitte se promènent en voiture lorsque le chauffeur s'arrête pour prendre de l'essence.

Le pompiste se pointe et commence à faire le plein. Soudain Brigitte sort de la voiture et crie :

– Jean-Marc ! Tu me reconnais !

– Oh Brigitte, ma belle ! Ça fait combien d'années ?

Et les voilà partis à se raconter leurs souvenirs d'adolescents... Trente minutes plus tard, Brigitte fait la bise à son vieux copain, remonte dans la voiture et repart.

Emmanuel Macron, un peu jaloux, demande :

– C'est un vieux copain ?

– Oui, c'est Jean-Marc !

– Tu te rends compte que si tu l'avais épousé, tu serais une femme de pompiste !

– Je ne crois pas non ! Si je l'avais épousé, il serait président !

Monsieur et madame...

Monsieur et madame Forme, un couple d'Allemands, ont trois fils, comment les appellent-ils ?

Jésus, Hans et Hubert (jé suis en zuper forme).

FUCK YOU ! C'EST MA PLANÈTE, J'EN FAIS CE QUE JE VEUX !
Ranson

L'espace

Deux copains discutent dans un bistrot :

– Chaque nuit, je pars à la conquête de l'espace.

– Bah, je savais pas que t'étais cosmonaute toi ?

– Bah non, je tente juste de récupérer l'espace que ma femme a pris dans le lit.

J'aime ma banque

Deux amis parlent de politique :

– Tu te rends compte que notre nouveau président est un ancien banquier de chez Rothschild ?

– Oui, moi quand j'étais jeune, c'était les gens qui braquaient les banques, maintenant c'est le contraire.

Beaujolais nouveau

Deux copains complètement bourrés discutent dans un bistrot :

– Dis donc René, pour une fois il est pas mauvais le beaujolais nouveau.

– Mais…

– C'est vrai, il a un peu goût de pomme et de cassis.

– Mais…

– En plus, il fait même pas mal à la tête.

– Mais, t'es con ! C'est de l'Oasis que tu bois !

Pas de chance

Un homme très malchanceux va à l'église et prie :

– Mon Dieu, pourquoi ma femme m'a-t-elle quitté pour vivre avec un Belge ? Pourquoi mon chien est-il mort dans d'atroces souffrances ? Pourquoi est-ce que ma maison a pris feu ? Pourquoi ai-je eu cet accident de voiture qui m'a laissé paralysé des membres inférieurs ?

Alors le plafond de l'église s'ouvre, et un énorme doigt vient écraser le gars comme une merde sur son prie-Dieu et, en même temps, on entend une voix d'outre-tombe :

– Parce que t'as vraiment une gueule qui ne me revient pas !

La question qui tue

Une femme demande à son mari :

– Est-ce que tu m'aimes par amour ou par intérêt ?

– Ça doit être par amour parce que ça fait longtemps que tu ne m'intéresses plus…

Mise au point

Mesdemoiselles, avant de dire qu'un homme est moche, rappelez-vous que lui n'est pas maquillé.

Ce type est un génie !

Un type descend les poubelles. Arrivé deux étages plus bas, la jolie voisine l'appelle en peignoir :

– J'ai un problème avec l'ampoule de ma salle de bains… Vous pouvez venir voir ?

Il entre, change l'ampoule ; elle lui offre un verre… le peignoir tombe, direction la chambre…

Deux heures après, épuisée, la voisine lui dit :

– Oh là là !! Comment vous allez faire avec votre femme ?

– Ben, je vais tout lui raconter, pas de problème… Vous auriez du bleu à paupières pour mes doigts ?

Incrédule, la maîtresse lui refile du bleu à paupières et le regarde remonter chez lui tout heureux, décontracté…

Arrivé chez lui, il tombe sur sa femme qui l'attend :

– Deux heures pour vider les poubelles ?

Et le mari :

– Ben voilà, la jolie voisine du deuxième m'a appelé en peignoir et m'a dit : j'ai un problème avec l'ampoule de ma salle de bains… J'ai changé l'ampoule, elle m'a offert un verre… le peignoir est tombé, direction la chambre, on a fait l'amour plusieurs fois…

Sa femme lui attrape la main et lui rétorque :

– Te fiche pas de moi ! Je vois bien que tu es allé faire un billard avec tes copains !

Monsieur et madame…

Monsieur et madame Lescons ont un fils, comment s'appelle-t-il ?

Rocky (roh ! qu'il est con).

Congé exceptionnel

Un salarié demande à son patron :

– Monsieur, je voudrais un congé exceptionnel pour me marier.

– Comment ? s'énerve le patron. Vous êtes parti tout le mois de juillet en congé. Pourquoi n'en avez-vous pas profité pour vous marier ?

– N'importe quoi ! proteste l'employé. Pour gâcher mes vacances !

Témoignage

« Mes potes sont alcooliques. Moi, je suis simplement solidaire. »

Les citations les plus drôles

« L'homme n'est que poussière. La femme n'est qu'aspirateur. »

François Cavanna

Chez les Le Pen

Dans un bistrot, un ivrogne dit à un autre ivrogne :

– Tu as vu, Marine Le Pen est fâchée avec son père.

– Oui, répond l'autre. Quand je pense à ce pauvre Jean-Marie, trahi par la prunelle de son œil…

Des bons conseils

La veille de son mariage, la future épouse discute avec sa mère :

– Maman, je voudrais que tu m'enseignes comment on rend un homme heureux !

La mère pousse un énorme soupir, puis commence :

– Eh bien ma chérie, quand deux personnes s'aiment, se désirent et se respectent l'une l'autre, l'amour est toujours une très belle chose…

– Je t'arrête tout de suite maman, je sais très bien me débrouiller au lit ; je voulais juste que tu m'apprennes à bien cuisiner les lasagnes.

Where is Jesus ?

Ce mercredi matin, c'est le catéchisme. Nous sommes début avril, et à l'approche de Pâques, le curé de service qui fait le catéchisme a décidé de faire réfléchir tout son petit monde sur Jésus. Alors la question posée est :

– Puisque le bon Dieu a ressuscité d'entre les morts le troisième jour, où se trouve-t-il maintenant ?

Le petit Thomas lève la main et dit :

– Le bon Dieu est au paradis.

La petite Sophie dit :

– Le bon Dieu est dans mon cœur.

Le petit Toto tout énervé lève la main, se lève et crie :

Communiqué du Vatican

Nous informons les croyants qu'être au lit, à poil, avec quelqu'un et crier « Oh mon Dieu ! Oh mon Dieu ! » ne sera jamais considéré comme une prière !

– Je sais ! Je sais ! Le bon Dieu est dans notre salle de bains !

Toute la petite assemblée se tait, regarde le curé pour savoir si c'est la bonne réponse… Mais celui-ci est abasourdi par la réponse de Toto. Après quelques secondes, il demande à Toto pourquoi il pense que le bon Dieu est dans sa salle de bains.

Toto répond :

– Parce que tous les matins, mon père se lève, va à la porte de la salle de bains et frappe plusieurs coups dedans en criant : « Bon Dieu, t'es encore là ? »

La loi des séries

Quel est le point commun entre JFK et DSK ?

Pour tous les deux, un trou de balle a été fatal ?

C'est la daesh !

Quelle est l'expression préférée des filières djihadistes ?

Recruter pour mieux sauter.

Blague zen

Un grand maître zen entre dans le hall où tous ses disciples sont réunis pour la méditation du soir. Il leur dit :

– Ce soir, il y a des bonnes nouvelles et des mauvaises nouvelles. D'abord, les mauvaises nouvelles : il n'y a pas de bonnes nouvelles ! Maintenant, les bonnes nouvelles : vous n'aurez pas à écouter les mauvaises nouvelles.

Les perles de Donald Trump

« Comment Hillary Clinton peut-elle satisfaire son pays, si elle ne satisfait pas son mari ? »

« J'ai toujours eu un très bon rapport avec les Noirs. »

« Je pourrais tirer sur quelqu'un, je ne perdrais pas d'électeurs. »

Trump à propos d'Internet :

« On doit faire quelque chose. On doit aller voir Bill Gates et plusieurs autres personnes qui comprennent réellement ce qu'il se passe et leur demander de fermer Internet dans certains endroits. »

« Je connais bien le monde ouvrier ; j'en ai licencié des milliers. »

« Le concept de réchauffement climatique a été créé par et pour les Chinois pour rendre l'industrie américaine non-compétitive. »

« Je suis fier de ma fortune, j'ai fait un boulot épatant… Le total est de 8 milliards de dollars. Je ne dis pas ça pour me vanter, parce que vous savez quoi, je n'ai pas besoin de me vanter. »

« Quand le Mexique nous envoie ses gens, ils n'envoient pas les meilleurs éléments. Ils envoient ceux qui posent problème. Ils apportent la drogue. Ils apportent le crime. Ce sont des violeurs. »

Trump, laissant entendre que la journaliste de Fox News, Megyn Kelly, lui a posé des questions injustes parce qu'elle avait ses règles :

« On pouvait voir du sang sortir de ses yeux, du sang sortir de son… où que ce soit. »

« Si Ivanka n'était pas ma fille, je pourrais sortir avec elle. »

« Quand quelqu'un vous attaque, ripostez. Soyez brutal, soyez féroce. »

« Toutes les femmes de *The Apprentice* (son show télé) ont flirté avec moi, consciemment ou non. Il fallait s'y attendre. »

« Je préviens les gens qui viennent ici de Syrie, parmi cette vague d'immigration massive, que si je gagne, ils devront retourner chez eux ! »

Trump au sujet de ses liens avec le Ku Klux Klan :

« Je ne connais rien de David Duke (le leader du Klan, soutenant Trump), je ne connais pas ce groupe, vous ne voudriez pas que je condamne un groupe dont je ne connais rien. Il faudrait que je me renseigne. »

« Une femme plate comme une limande peut difficilement avoir un 10. »

Trump à propos des journalistes :

« Je vais étendre la portée des lois sur la diffamation, pour que quand ils écrivent à dessein des articles négatifs, méchants et infondés, on puisse les poursuivre et gagner beaucoup d'argent. »

Ça baisse

Quelle différence entre la cote de popularité de Donald Trump et la température du jour ?

La température du jour est sûre de remonter au printemps.

Le billet et la petite pièce

Après une vie exemplaire, une petite pièce de 20 centimes d'euro vient de mourir. Elle monte au paradis, elle est accueillie chaleureusement par tous les anges, saint Pierre en personne l'embrasse et l'installe sur le plus beau des nuages du paradis.

Peu de temps après, c'est un billet de 100 euros qui passe l'arme à gauche. Le voilà, lui aussi, aux portes du paradis. Mais l'accueil est nettement plus froid et saint Pierre lui montre un discret petit nuage en lui disant que ce sera sa place. Lui, le prestigieux billet de 100 euros, est laissé de côté et personne ne s'occupe de lui.

Quelque temps plus tard, le billet de 100 euros n'y tenant plus, demande à parler à saint Pierre :

– Monsieur saint Pierre, je ne comprends pas, comment se fait-il que la pièce de 20 centimes soit traitée comme une reine alors que moi, le billet de 100 euros, je suis mis de côté, traité comme un paria, c'est honteux !!!

Et saint Pierre lui répond :

– Toi, tu te tais, on ne t'a pas vu souvent à la messe.

Con fesses

Une nonne fait du stop sur l'autoroute et monte dans un camion.

Le chauffeur la trouvant à son goût tente sa chance auprès de la nonne qui paraît, elle aussi intéressée.

Le camion est alors garé sur un parking et le couple fait son affaire sur la couchette.

Les galipettes terminées, ils reprennent la route et arrivant dans un village, la nonne demande au routier de s'arrêter car elle veut se confesser. Revenant au camion au bout de quelques minutes, le chauffeur lui demande :

– Qu'est-ce que vous avez dit au bon Dieu ?

– Que nous avions fait l'amour deux fois.

– Mais on ne l'a fait qu'une seule fois !

Et la nonne lui répond alors :

– On ne va tout de même pas se quitter comme ça…

Culture G

Un enfant rentre chez lui avec son bulletin de notes. Son père chausse alors ses lunettes et examine le bulletin de son fils :

– Quoi, ton prof a écrit que tu avais un manque de culture générale !

– Bah oui papa, en fait, à l'interro d'hier, je ne savais pas où se trouvait le col de l'utérus !

– Bon, ce n'est pas grave, moi aussi je suis nul en géographie !

Les hommes, c'est comme…

Les hommes, c'est comme le ciment. Après avoir été étendus, ils prennent parfois beaucoup de temps à durcir.

Les hommes, c'est comme le café. Les meilleurs sont riches, chauds et peuvent vous tenir éveillée toute la nuit.

Les hommes, c'est comme une tempête de neige. Vous ne savez jamais quand ils vont venir, à combien de centimètres vous aurez affaire et combien de temps ça va durer.

Les hommes, c'est comme la lettre Q : un gros zéro avec une petite queue.

Penelope au paradis

Arrivée au paradis, une femme, furieuse, s'adresse ainsi à saint Pierre :

– C'est n'importe quoi ! J'ai à peine 50 ans, je n'ai jamais fumé de ma vie et je n'ai jamais bu une goutte d'alcool. Vous entendez, jamais ! Et en plus, je fais du sport tous les jours. J'ai même fait un check-up la semaine dernière. Je n'avais rien, rien de rien, la pleine forme. Je pense qu'il doit y avoir une erreur.

Saint Pierre lui dit alors :

– Une erreur, madame, ça n'arrive quasiment jamais. Vous savez, notre méthode est au point depuis le temps mais je vais tout de même vérifier. Vous vous appelez comment ?

– Je m'appelle Penelope Fillon.

– Attendez, je regarde dans mes fiches… Quelle est votre profession, Mme Fillon ?

– Je suis euh… assistante parlementaire.

– C'est cela, oui, il n'y a pas d'erreur possible.

Au bord des larmes, elle lui demande :

– Et de quoi suis-je morte ?

– Vous êtes morte de vieillesse.

– De vieillesse ?!? Mais c'est n'importe quoi, j'ai 50 ans !

– Oui, mais si l'on tient compte du nombre d'heures de travail que votre mari a déclaré, cela vous fait 119 ans !

Vive le général !

Nicolas Sarkozy se rend sur la tombe du général de Gaulle. Il est devant la tombe lorsqu'il entend la voix du général qui lui dit :

– Amène-moi un cheval.

Sarko est un peu étonné mais repart sans rien faire. Quelque temps plus tard, il revient sur la tombe et entend la même voix qui redemande :

– Amène-moi un cheval.

Là, Sarkozy commence à s'inquiéter quand même et décide d'en parler avec François Fillon. Fillon ne le croit pas et demande à voir ou plutôt entendre par lui-même. Ils se rendent tous les deux sur la tombe de De Gaulle, et là on entend la voix du général :

– Nicolas, je t'avais demandé un cheval, pas un âne.

Cauchemar en cuisine

Une baronne, excédée du je-m'en-foutisme de sa cuisinière, décide un beau jour de la renvoyer.

La cuisinière, après avoir touché son dernier salaire, prend ses affaires et quitte la maison. Sur le pas de la porte, elle s'arrête, prend 10 euros dans sa poche et balance le billet au chien qui dormait sur le paillasson.

La baronne s'énerve :

– Mais qu'est-ce que c'est encore que ces gamineries ?!?

Et la cuisinière lui répond :

– Il l'a bien mérité. Depuis trois semaines, c'est lui qui nettoie les assiettes.

Les citations les plus drôles

– « C'est pas difficile la politique comme métier ! Tu fais cinq ans de droit et tout le reste de travers. »

Coluche

Qui veut gagner des millions ?

Un curé qui a besoin d'argent pour sa paroisse s'inscrit à un célèbre jeu télévisé…

L'animateur lui demande :

– Alors, première question pour 1 000 euros : à quoi vous fait penser le chiffre 22 ?

– À l'expression « 22, v'là les flics ».

– C'est votre dernier mot ?

– Oui, Jean-Pierre, c'est mon dernier mot.

– Très bonne réponse, monsieur le curé !

– On continue pour 5 000 euros ?

– Oui !

– À quoi vous fait penser le chiffre 33 ?

– À une visite chez le médecin, lorsqu'il demande au patient : « Dites 33 ».

– C'est votre dernier mot ?

– Oui, Jean-Pierre, c'est mon dernier mot.

– Encore une bonne réponse, monsieur le curé !

– Bien ! Alors pour 20 000 euros, un peu plus compliqué : à quoi vous fait penser le chiffre 69 ?

Les sourires fleurissent dans le public, qui imagine l'embarras du candidat curé.

Au bout d'un moment, le prêtre semble abandonner et annonce :

– Là, je donne ma langue au chat !

Tonnerre d'applaudissements des spectateurs et félicitations de l'animateur :

– Excellent, monsieur le curé ! Excellent ! Par pudeur, vous n'avez pas osé mettre l'expression au féminin, mais tout le monde aura compris !

– On continue pour 50 000 euros ?

– Oui !

– Alors là, je dois dire que vous avez de la chance : nous sommes dans votre domaine ! La question est en effet la suivante : qu'a dit Ève en se voyant pour la première fois dans la glace ?

Cette fois-ci encore, notre brave curé se creuse la cervelle, il se récite mentalement toute la Genèse, mais sur ce point précis, rien ! Alors, il avoue :

– En fait, là j'ai un trou…

De nouveau, les applaudissements du public.

– Bravo, mon père : c'est la bonne réponse. Que fait-on après cet exploit ? On tente les 100 000 euros ?

Le curé ne comprend pas très bien comment il a pu donner la bonne réponse sans la connaître, mais admet que les voies du Seigneur sont impénétrables, même à la télévision, et il décide de continuer :

– C'est pour les œuvres de la paroisse, donc, oui, je continue !

L'animateur exulte. Le public aussi. La tension est à son comble…

– Et qu'a dit Adam en se voyant pour la première fois dans une glace ?

Le pauvre curé qui ne savait même pas qu'il y avait un miroir dans le jardin d'Éden, réalise que les questions du jeu sont bien plus difficiles que ce qu'il avait imaginé :

– Oh ! Franchement, je ne croyais pas que cela pouvait être si dur !

La foule est carrément debout et scande : « Le million ! Le million ! »

– Quel talent !! dit le maître du jeu. Alors, tenterons-nous le million ?

Le curé n'a toujours pas compris pourquoi on lui dit qu'il a bien répondu, mais conclut que c'est Dieu qui l'aide. Du coup, en pensant à tout ce qu'il pourra faire avec un million, il décide de continuer.

L'animateur pose la dernière question :

– Alors, qu'a dit Adam quand il a su qu'Ève était enceinte ?

Après un long silence, catastrophé à l'idée de tout perdre, le curé a tout de même la force de répondre :

– Mon Dieu, j'aurais dû me retirer plus tôt !

– Bingooooooooooooo !

C'est le tarif !

Une nouvelle prostituée vient de passer une heure avec son tout premier client.

Lorsqu'elle revient, ses collègues se rassemblent autour d'elle pour lui demander comme ça s'était passé.

– Bien, j'ai eu de la chance, dit la nouvelle, c'était un beau et grand mec, très sportif.

– Qu'est-ce qu'il voulait faire ? demandent les autres prostituées.

– Bah, d'abord, comme vous me l'avez conseillé, je lui ai demandé de me payer d'avance. Je lui ai dit, le sexe c'est 30 euros, mais il m'a dit qu'il n'en voulait pas autant. Alors je lui ai dit que la pipe était à 15 euros ! Mais il m'a dit que c'était trop cher pour ses finances. Je lui ai demandé combien il avait sur lui et il m'a répondu 10 euros.

– Et tu as fait quoi ?

– Bah, je lui ai dit que pour 10 euros, je pouvais lui faire un service manuel et il a accepté.

– Et alors ? demande les filles, de plus en plus curieuses.

– Après, il a sorti son engin, j'ai mis une main dessus, puis l'autre main, son sexe est devenu énorme !

– Ouah ! Et qu'est-ce que tu as fait ?

– Je lui ai prêté 40 euros !

AU SECOURS, OBIWAN MÉLENCHON ! VOUS ÊTES NOTRE SEUL ESPOIR !
CET HOLOGRAMME, C'EST LE MEILLEUR MOMENT DE TOUTE CETTE CAMPAGNE...
POURVU QU'IL Y AIT UNE SUITE !
Ranson

Calcul mental

Un notaire cherche un nouvel employé pour tamponner ses actes. Et comme certains formulaires doivent être tamponnés jusqu'à 10 fois, il faut que l'employé puisse compter jusqu'à 10.

Le premier candidat s'assied et le notaire lui demande de compter jusqu'à 10 :

– Oui, bien sûr : 10.9.8.7.6.5.4.3.2.1.

– C'est bien, dit le notaire, et dans l'autre sens, maintenant ?

– Non, répond le candidat, j'ai travaillé à la NASA et j'ai toujours compté ainsi.

– Désolé, mais vous ne convenez pas. Candidat suivant !

Le notaire demande au second candidat de compter jusqu'à 10.

– Oui, bien sûr : 1.3.5.7.9.10.8.6.4.2.

– C'est bien, dit le notaire, et dans le bon ordre, maintenant ?

– Non, répond le second candidat, j'ai travaillé comme facteur et j'ai toujours compté ainsi en passant de boîte en boîte…

– Désolé, mais vous ne convenez pas. Candidat suivant !

Le notaire pose la même question au troisième candidat.

– Oui, bien sûr : 1.2.3.4.5.6.7.8.9.10.

– C'est parfait ! Où avez-vous travaillé auparavant ?

– J'étais dans l'administration.

– Dans l'administration ? Je n'en reviens pas ! Mais, bien que ce ne soit pas nécessaire, pouvez-vous continuer à compter après 10 ?

– Mais, évidemment ! Valet, dame et roi !

INFO ÉCONOMIQUE

Une bonne nouvelle pour le pouvoir d'achat. En 2018, le jeton de Caddie de supermarché restera à un euro.

Le constat

En ce début de mois de décembre, dans un brouillard à couper au couteau, avec une visibilité quasiment nulle, un automobiliste heurte un autre véhicule. Il descend et dit au conducteur :

– Je suis désolé, mais vous êtes dans votre tort. Je venais de droite.

– Ça m'étonnerait que ça joue auprès de mes assurances. Vous êtes dans mon garage…

Mur des lamentations

Devant le Mur des lamentations, David s'adresse à Dieu :

– S'il te plaît, envoie-moi 5 millions, s'il te plaît, 5 millions…

Silence.

– Bon d'accord, pas 5 millions mais bon, 500 000 euros, ça me suffira, allez d'accord 500 000…

Silence.

– Bon, c'est un peu trop, d'accord, 50 000… C'est bon, 50 000 euros ?

Silence.

– Bon d'accord, alors 5 000, c'est ridicule 5 000… C'est rien pour toi, mon Dieu, 5 000 euros, même pas le prix d'une voiture !

Silence.

– Bon, alors au moins l'argent pour payer le taxi…

Silence.

– Vraiment rien ? Super !

Alors, écœuré, David s'en va et en partant, il bute sur une pierre. Alors, il crie au ciel :

– Oh, ça va, pousse pas !

Théorie de la relativité

Albert Einstein répond à une femme qui lui demande la différence entre le temps et l'éternité :

– Chère madame, je devrais consacrer tout mon temps à vous l'expliquer, et il vous faudrait une éternité pour le comprendre.

Petit extrait de la Bible

Un matin, Jésus dit à ses disciples :

– Mangez, ceci est mon corps. Buvez, ceci est mon sang. Hey TOUCHEZ PAS À ÇA BORDEL ! C'est mon café !

Le point commun

Quel est le point commun entre un socialiste et une hémorroïde ?

Les deux tournent autour du pot.

Bienvenue à Levallois !

Patrick Balkany comparaît devant le tribunal pour détournement de fonds publics.

Il ne peut se rendre à l'audience, mais y envoie son avocat qui arrive à obtenir l'acquittement.

Aussitôt, l'avocat téléphone à Balkany et lui dit :

– Monsieur, la vérité a triomphé.

– Merde alors ! répond Balkany. Dans ce cas, faites appel !

Vieux couples

Ernest et Pauline sont mari et femme et sont âgés de 80 ans. Ils se chamaillent sans cesse. Leur jeu favori, faire tout ce qu'il faut pour pourrir la vie du conjoint chaque jour un peu plus.

Très malin, Ernest a lancé un défi à Pauline : voler une boîte de conserve dans un supermarché. Finalement, Pauline a été arrêtée (Ernest bien sûr n'avait rien volé).

Et voilà donc Pauline au tribunal. Le juge lui demande :

– Je vois que c'est votre premier vol ?

– Oui, monsieur le juge.

– Qu'avez-vous volé ?

– Une boîte de pêches.

– Pourquoi avez-vous volé cette boîte ?

– Oh ! Une petite faim, c'était l'heure du goûter…

– Combien y avait-il de pêches dans la boîte ?

– Euh… six, monsieur le juge.

– Vous aurez donc six jours d'emprisonnement !

Là-dessus Ernest intervient :

– Puis-je dire quelque chose ?

– De quoi s'agit-il ? demande le juge.

– Elle a aussi volé une boîte de petits pois !

FLASH INFO

En cas de retrait de François Fillon de la présidentielle, Alain Juppé persiste : « Quoi qu'il arrive, je ne serai jamais un plan B », ce à quoi DSK ajoute : « Par contre, prévenez-moi s'il y a un plan Q. »

La fin du monde

DSK discute avec un ami. Son ami lui demande :

– Dis-moi, si la fin du monde arrivait dans les quinze minutes, qu'est-ce que tu ferais ?

– Moi, je baiserais tout ce qui bouge ! Et toi ? demande DSK.

– Moi, je ne bougerais pas !

Une bonne définition de la politique

Quel est le point commun entre une *backroom* et un isoloir ?

Une fois à l'intérieur, on n'a plus qu'à choisir par qui on veut se faire enfiler.

Mimes

Deux couples ont l'habitude de se rencontrer chaque week-end afin de jouer aux cartes. Mais un jour, ils décident, pour changer, de tester un nouveau jeu dont le but est de faire deviner un métier en le mimant.

Une des deux femmes commence. Elle enlève son pull, son soutien-gorge, prend ses deux seins à pleine main et dit :

– Alors, à votre avis, c'est quoi le métier que je mime ?

Tout le monde se regarde et attend la réponse.

– C'est pourtant facile, c'est médecin (mes deux seins).

L'autre femme aussi veut essayer de mimer un métier. Elle enlève alors sa chemise, son soutien-gorge, prend ses deux tétons, les fait se toucher l'un avec l'autre et dit :

– Alors, à votre avis, c'est quoi le métier que je mime ? Personne ne sait. Eh bien, c'est bourrelier (bouts reliés).

C'est maintenant au tour d'un des deux hommes.

Le premier baisse son pantalon, son caleçon, prend son sexe dans la main, l'entoure d'une serviette et dit :

– Alors, à votre avis, c'est quoi le métier que je mime ?

Mais, là encore, personne ne trouve. Et tout le monde attend impatiemment sa réponse.

– Eh bien, c'est boulanger (bout langé).

C'est désormais au tour du dernier homme, mais il avoue alors n'avoir rien compris aux précédents jeux de mots. Les trois autres décident de lui expliquer. Ils prennent alors un papier où ils font une liste et écrivent : « médecin = mes deux seins » ; « boulanger = bout langé » ; « bourrelier = bouts reliés ». Le dernier joueur a l'air d'avoir compris, prend alors la liste, en fait un rouleau et se le plante dans les fesses. Stupéfaits, les autres le regardent d'un air embarrassé puis lui demandent ce qu'il fait.

– Ben, je mime un métier !

– Mais c'est quoi ce métier ?

– C'est oculiste !

Les citations les plus drôles

– « Alors moi, aujourd'hui, je me souhaite d'avoir plusieurs maris, un paquet de bébés, la liberté, le jeu, le rire, l'amour et une jolie carrière. Une vie d'homme en somme ! »

Florence Foresti

Les relations patronat/syndicat

La femme d'un industriel raconte à une amie :

– Ce que j'ai pu être idiote, pendant des années, j'ai cru mon mari à chaque fois qu'il me téléphonait le soir, pour me dire qu'il était séquestré dans son bureau par un délégué syndical particulièrement excité.

– Et ce n'était pas vrai ?

– En un sens, si. Mais si tu voyais la blonde incendiaire qu'ils ont élue pour représenter la CGT !

Monsieur et madame...

Monsieur et madame Saintmaloàlanagecestpasdelatarte ont un fils, comment s'appelle-t-il ?

Ferdinand (faire Dinand-Saint Malo à la nage c'est pas de la tarte).

C'est enfin la gloire !

Donald Trump consulte une voyante ; la voyante très concentrée ferme les yeux et lui dit :

– Je vous vois passer dans une grande avenue de New York, dans une voiture, le toit ouvert, le peuple en liesse.

Trump sourit et lui demande :

– Alors la foule est heureuse ?

– Oui, comme jamais.

– Et les personnes courent après la voiture ?

– Oui, autour de la voiture, comme des fous. La police a du mal à se frayer un chemin.

– Les gens portent des drapeaux ?

– Oui, drapeaux et bannières étoilées avec des mots d'espoir pour un meilleur avenir.

– Vraiment ? Et les gens crient, chantent ?

– Oui, les gens crient des phrases d'espoir : « Oh ! Maintenant, tout ira mieux !!! »

– Et moi, comment je réagis à tout cela ? demande Trump.

– Je n'arrive pas à le voir.

– Pourquoi ?

– Le cercueil est fermé.

Les citations les plus drôles

– « Quand vous voyez un flic dans la rue, c'est qu'y a pas de danger. S'il y avait du danger, le flic serait pas là ! »

Coluche

Une future carrière pour Marine

Deux amis discutent de politique :

– Tu as regardé le débat Marine le Pen/Emmanuel Macron à la télé ?

– Oui. Je sais pas si elle peut devenir présidente, mais chroniqueuse à « Touche pas à mon poste » : oui, c'est sûr.

Bonjour docteur

– Docteur, dit une dame d'une trentaine d'années, en se déshabillant. Je ne veux surtout pas risquer d'avoir un enfant. Que me conseillez-vous de faire ?

– À mon avis, la première chose serait de porter des lunettes.

– Et cela m'empêchera d'avoir des enfants ?

– Non, mais cela vous permettra de mieux lire ce qui est inscrit sur les plaques de marbre, dans le couloir. Le gynécologue, c'est l'étage au-dessus. Moi, je suis architecte.

Théâtre des Deux Ânes

Quelle est la femme politique qui possède la meilleure vue ?

Dominique Voynet (voit net).

DICTIONNAIRE 2018

Marsupilami : le seul jaune à avoir une longue queue.

Rendez-vous en terre inconnue

Nabilla entre dans une bibliothèque. Elle se présente au comptoir, l'air furibard. Elle claque son livre au nez de l'employée et se plaint :

– Non mais allô ! Ce livre est le pire livre que j'aie jamais lu ! Il n'y a pas d'histoire et il y a beaucoup trop de personnages !

La bibliothécaire regarde calmement la jolie bimbo, lui sourit et dit :

– C'était donc vous qui aviez notre annuaire !

ELLE DEMANDE SI ON PEUT AMÉNAGER DES HORAIRES DE MANÈGE RÉSERVÉS EXCLUSIVEMENT AUX FEMMES.
EN ARABIE SAOUDITE, ELLE N'AURAIT PAS LE DROIT DE CONDUIRE !
Ranson

Saint Pierre

Une femme vient juste de décéder, elle arrive devant saint Pierre et lui demande :

– Bonjour saint Pierre ! voilà, est-ce que vous pourriez me dire où se trouve mon époux, il est mort depuis cinq ans ?

– Bien sûr, comment s'appelle-t-il ?

– Il s'appelle Robert Dupond.

– Attendez, vous savez combien on a de Robert Dupond au paradis, on en a des milliers, lui dit saint Pierre.

– Ah, je vois, c'est un grand maigre avec des cheveux gris.

– Non, je ne vois pas, il faut m'en dire plus.

– Bon, alors disons que juste avant sa mort, il m'avait dit qu'il se retournerait dans sa tombe si je le trompais, lui dit la femme en rougissant.

– Ah oui d'accord, je vois ! lui répond saint Pierre.

Il prend alors son micro et annonce :

– On demande Robert La Toupie à l'accueil.

Humour russe

Un humoriste russe va voir Vladimir Poutine et lui demande :

– Existe-t-il des droits d'auteur pour les blagues politiques ?

– Oui, cela dépend de la qualité de l'histoire et ça peut aller de trois ans à la perpétuité.

L'enfer au paradis

François Hollande, Jean-Marc Ayrault et Miss Univers sont victimes d'un attentat et meurent dans l'explosion de leur avion. Ils se retrouvent tous les trois en enfer. Le Diable attrape Hollande et l'attache avec une très vieille femme, monstrueuse, d'une laideur et d'une puanteur infernale, et dit :

– François Hollande, tu as pêché toute ta vie, voilà ta femme pour l'éternité !

Puis, il enchaîne Ayrault avec Miss Univers. Hollande conteste et dit :

– C'est injuste, il a volé bien plus d'argent, fait beaucoup plus de mal, et dit beaucoup plus de conneries que moi !

– Désolé, dit le Diable, mais c'est elle que je veux punir !

Blague d'un boutiquier juif

Allah est grand. Ça fait rien, j'ai toutes les tailles.

Les citations les plus drôles

– « Y'a trois choses qu'on ne peut pas regarder en face : le soleil, la mort et le dentiste. »

Alex Métayer

Connue

– Moi, mon rêve dans la vie c'est d'être connue.

– Super, en fait, il ne te manque plus qu'un « U ».

Président Trump

Le président Trump fait le tour des écoles primaires afin de rencontrer les jeunes futurs votants du pays. Il entre dans une classe et arrive au moment où l'institutrice est en train d'expliquer aux enfants le sens du mot tragédie. L'institutrice se tourne alors vers le président et lui propose de diriger la discussion.

Ainsi l'illustre dirigeant demande aux jeunes élèves de lui trouver un exemple illustrant le sens du terme qu'ils viennent d'apprendre.

Un petit garçon se lève et dit :

– Si mon meilleur ami qui vit à côté de chez moi joue tranquillement dans la rue et qu'une voiture le renverse, ce sera une tragédie.

Donald Trump secoue tristement la tête :

– Non, mon petit… Ce sera un accident !

Un léger silence s'installe dans la classe. Le président insiste :

– Qui veut proposer autre chose ?

Une petite fille se lève alors à son tour :

– Un bus scolaire transportant 50 élèves tombe dans le ravin, et tout le monde meurt dans la chute. Ça, c'est une tragédie !

Trump secoue la tête à nouveau :

– Non, petite, il s'agit là d'une grosse perte pour le monde…

Cette fois, c'est un lourd silence qui tombe sur le groupe. Le président Trump s'impatiente légèrement :

– Allons, les enfants ! Il n'y a personne pour me donner un exemple sérieux de tragédie ?

Alors, le petit Tony du fin fond de la classe se lève :

– Si Air Force One, alors qu'il transporte M. et Mme Trump, est frappé par un missile et est pulvérisé en plein ciel, ça c'est une tragédie !

– Fantastique ! s'écrie le président, le visage illuminé. Voilà une superbe illustration du mot tragédie ! Et peux-tu expliquer à tes petits camarades la raison pour laquelle ce serait une tragédie ?

– Parce que ça ne serait pas un accident et que ça ne serait sûrement pas une grosse perte !

Mes petites beautés !

Quelle est la différence entre une émission de Cyril Hanouna et la maladie de Parkinson ?

– Aucune, les deux s'attaquent au cerveau !

Aux urnes

– Belle-maman, vous êtes attendue aux urnes !

– Mais… il n'y a plus d'élections cette année ?

– Mais, belle-maman, qui a parlé de politique ?

Sextape

– Il paraît que tu t'es encore engueulé avec ta femme ?

– Oui, m'en parle pas, pourtant tout avait bien commencé. Hier soir, elle me propose de faire une *sextape*.

– C'est super, et alors ?

– Et alors, elle s'est énervée quand j'ai commencé à faire des auditions pour son rôle.

Si c'est écrit dans la Bible

Un jeune garçon se confesse au curé :

– Monsieur l'abbé, je suis passé dans un champ et j'ai volé six pommes.

– Pourquoi seulement six ? demande le prêtre.

– Parce que y a un des 10 commandements qui dit « septième tu ne voleras pas ».

Porté disparu

Quel est le point commun entre une biscotte et Jean-François Copé depuis la primaire de la droite ?

Tous les deux sont grillés.

Un bon verre de lait

La mère supérieure d'un couvent américain, d'origine irlandaise, a 98 ans. Elle est alitée et en train de mourir. Les religieuses sont toutes réunies autour d'elle pour prier et pour l'entourer d'attentions dans ses derniers moments.

On lui apporte un peu de lait chaud, mais la mère supérieure refuse même d'y goûter.

Une des religieuses rapporte le verre de lait à la cuisine et se souvient subitement qu'à Noël dernier, un pieux donateur de leur couvent, connaissant l'origine de la mère supérieure, a offert une belle bouteille de whisky irlandais à la communauté.

La religieuse retrouve le flacon, l'ouvre et en verse plus qu'une généreuse rasade dans le lait en train de tiédir, puis retourne auprès de la mourante.

Elle pose le bord du verre sur ses lèvres et tâche de les lui humecter.

La mère supérieure en boit quelques gouttes, puis une lampée, puis une autre, puis encore une autre, et finit par siffler tout le contenu du verre jusqu'à la dernière goutte.

– Très chère mère, demandent les religieuses affligées à leur supérieure, voudriez-vous bien nous donner un dernier conseil avant de nous quitter ?

La supérieure se redresse sur son lit comme ressuscitée, son visage est illuminé par une joie qu'on dirait toute céleste, et elle leur répond :

– Ne vendez jamais cette vache !

Faux compliment

En boîte de nuit, un homme s'approche d'une femme et lui dit :

– Tu es comme la forêt amazonienne !

– Tu veux dire, imposante, vitale et mystérieuse ? demande la fille en minaudant.

– Non, difficilement pénétrable !

Perdu !

Marine Le Pen et Florian Philippot entrent dans un bar après le second tour de la présidentielle et disent au barman :

– Garçon, nous sommes vaincus !

– Ça va pas être possible, répond le garçon, il n'y a que 18 chaises.

Attention danger

En rentrant chez lui, un fonctionnaire ressent des vertiges, palpitations et maux de ventre. Sa femme lui diagnostique une gastro-entérite et lui administre un remède adéquat. Le lendemain, elle le retrouve mort dans son lit. Elle appelle alors directement le médecin :

– Que lui avez-vous donné ? lui demande le médecin.

– Eh bien juste deux aspirines pour le faire transpirer et évacuer les toxines.

– Mais, vous l'avez tué !!!

– Comment ça ?? dit la femme.

– Faire transpirer un fonctionnaire, ça le tue…

Fils parfait

Une femme dit à une autre :

– J'ai le fils parfait !

– Il fume ?

– Non.

– Il boit ? Il se drogue ?

– Non. Ni l'un ni l'autre.

– Il rentre tard le soir ?

– Non.

– Il joue des heures aux jeux vidéo ?

– Non, ça ne l'intéresse pas !

– Ah oui, effectivement, tu as le fils parfait. Il a quel âge ?

– Il vient de fêter ses 6 mois.

Témoignage

« Si vous pesez 100 kilos sur Terre, vous ne pesez que 38 kilos sur Mars. Ce qui veut dire que je ne suis pas en surpoids, je suis juste sur la mauvaise planète. »

Le grand saut

Durant un cambriolage, un voleur alerte l'autre :

– Grouille-toi ! Les flics arrivent !

– Merde ! Qu'est-ce qu'on fait ?

– Sautons par la fenêtre !

– Non mais t'es dingue ! Nous sommes au 13e étage !

– Ah je t'en prie ! Ce n'est vraiment pas le moment d'être superstitieux !!!

Monsieur et madame...

Monsieur et madame Land, des habitants du Nord, ont un fils, comment s'appelle-t-il ?

Jordi (Jordiland).

L'union fait la force

Un homme interpelle sa femme :

– Ma chérie.

– Oui ?

– À deux, on est plus fort ?

– Oui, mon chéri.

– Alors imagine à trois avec ta copine Jessica ce qu'on pourrait faire !

FLASH INFO

Un notaire vient de passer à l'acte.

C'est pas la taille qui compte… enfin, j'espère…

Un homme blanc rentre dans un bistrot. Il demande à la serveuse une bière et va s'asseoir à une table.

Sur la table, il y a des traits et il demande à la serveuse ce que c'est. Elle lui répond :

– C'est une bande de Noirs qui sont venus hier soir et ils ont mesuré la taille de leur sexe avec des traits. L'homme intrigué sort son sexe et remarque qu'il dépasse tous les traits.

Il s'exclame :

– Madame, regardez, je les bats !

Et la femme lui répond :

– Mais monsieur, ils étaient de l'autre côté de la table…

Un lourd passif

Un commissaire de police forme une recrue aux nouvelles technologies. Il commence :

– Regardez-moi cet ordinateur ! Il suffit de taper le genre de crime et il sort automatiquement les noms des personnes qui sont suspectes…

– Ah ! Wow ! Je peux essayer ?

– Allez-y !

Le jeune type commence à écrire. Il n'a pas encore fini que le commissaire s'écrie :

– Voyons donc ! Y'a encore jamais personne qui a fait des trucs pareils. C'est ridicule.

J'AI ENVIE D'ALLER PRENDRE UN VERRE EN TERRASSE OU D'ÉCOUTER UN CONCERT...
NE FAISONS RIEN QUI PUISSE OFFENSER LES CROYANTS D'UNE AUTRE RELIGION !
Ranson

– Je m'amuse !

– C'est ridicule, c'est trop, ça n'existe pas un cas comme celui-là.

– C'est juste pour essayer, commissaire.

Il clique donc sur la touche « Enter » (entrée) et la réponse s'affiche à l'écran : Patrick Balkany.

Un gros mensonge

En entrant dans sa classe, un professeur surprend deux élèves en train de se disputer violemment.

– Que se passe-t-il ?

– Monsieur, nous avons trouvé un billet de 10 euros et, ne sachant pas comment le partager, on faisait un concours pour savoir qui dirait le plus gros mensonge !

– Vous devriez avoir honte ! s'énerve le prof. Moi, à votre âge, je ne savais même pas ce qu'était un mensonge !

Et là, les deux gamins, résignés, lui donnent le billet de 10 euros.

Les infirmières...

Un homme se rend à l'hôpital pour voir un ami récemment opéré.

Alors qu'il entre dans sa chambre, il constate, effaré, que son ami est entouré d'une dizaine d'infirmières, toutes plus sexy les unes que les autres, aux petits soins pour lui. Elles se battent pour lui remonter ses oreillers, pour lui servir à manger, pour l'aider à sa toilette...

Halluciné par tant de prévenance, il demande alors à son ami :

– Pourquoi est-ce que toutes les infirmières s'occupent de toi comme ça ? Tu sembles pourtant en pleine forme !

– Moi non plus, je ne comprends pas... C'est depuis qu'elles savent que ma circoncision a nécessité 22 points de suture...

Scène de ménage

Une femme hurle sur son mari :

– Je veux un mec droit, ouvert, les pieds sur terre, qui se plie à mes désirs !

– Eh bien, répond le mari, tape-toi un parasol !

Point commun

Quel est le point commun entre une huître et un homme ?

Il faut, pour tous les deux, en sucer beaucoup pour trouver la perle rare.

Le bilan de ces présidentielles

Deux qualités sont nécessaires à un directeur d'institut de sondages :

1. Être capable de prédire avec assurance ce qui se passera dans six mois.

2. Faire preuve d'encore plus d'assurance en expliquant pourquoi ce qu'il avait prédit il y a six mois ne s'est pas réalisé.

1/3

Un homme se vante auprès d'un ami :

– J'ai rempli 1/3 de mon objectif.

– C'est quoi ton objectif ?

– Faire un plan à trois !

à MéDiTeR

L'amour, c'est comme la gastro, on l'attrape dans la rue, on la résout au lit.

Les 15 commandements

C'est Moïse qui descend du mont Sinaï avec trois tables de loi. En descendant, il annonce aux gens l'attendant en bas :

– Soyez bénis, j'apporte les 15 commandements de Dieu !

En disant cela, il s'emmêle les pieds et une des tables tombe et se brise en mille morceaux :

– Euh… je voulais dire les 10 commandements.

La vache !

Un Parisien en vacances à la campagne croise un petit garçon de 5 ou 6 ans tirant une vache au bout d'une corde. Intrigué, le Parisien demande au petit :

– Dis-moi petit, qu'est-ce que tu fais avec cette vache ?

– Eh bien, je l'amène au taureau, monsieur.

– Ah, tu l'amènes au taureau, et ton père, il ne pourrait pas le faire lui-même ?

– Bah non, monsieur, il faut un taureau pour faire ça !

Les citations les plus drôles

– « Il faut avoir le courage de reconnaître que le nazisme a commis des erreurs. Envahir la Pologne au lieu de la Suisse, c'est comme habiter en face de la banque centrale et braquer le kebab. »

Gaspard Proust

Il faut toujours avoir un bon avocat

Un bandit mexicain s'était fait une spécialité de traverser le Rio Grande pour aller attaquer des banques au Texas.

On n'avait bien sûr pas tardé à proposer une récompense pour sa capture et un chasseur de prime texan s'était tout de suite mis à sa recherche.

Après quelques jours, le chasseur de prime trouve la trace du bandit mexicain.

Il l'alpague dans un saloon du Texas et lui met le canon de son colt sur la tempe en lui disant :

– Tu es en état d'arrestation. Dis-moi où tu as caché ton magot ou bien je te fais sauter la cervelle. Tu comprends l'anglais ?

– *No señior.*

Un avocat assistant à la scène propose alors ses services de traduction au chasseur de prime qui accepte. Et l'avocat pose les conditions du Texan au Mexicain dans sa langue :

– *Donde esta los magotos ?*

Le Mexicain lui répond que le magot est caché sous un chêne à 200 mètres du saloon.

Le chasseur de prime demande alors à l'avocat de traduire et l'avocat dit :

– Il a dit : « Va te faire foutre espèce d'enculé, tu n'oseras jamais me tirer dessus ! »

Devinette

Qu'est-ce qu'un sous-marin pour une baleine ?

Un énorme suppositoire !

Disco

Qu'est-ce qu'un petit cheval qui chante ?

Un Poney M.

Les Corses

Un touriste séjourne en Corse et semble plutôt bien intégré. Un jour, il accourt tout paniqué chez ses voisins corses, qui lui demandent :

– Mais pourquoi fais-tu cette tête ?

– On m'a volé !!

– Qui t'a volé quoi ??

– Je crois qu'un Suisse m'a volé ma montre corse.

– Tu veux plutôt dire qu'un Corse t'a volé ta montre suisse.

Le touriste dit alors avec soulagement :

– Oui, mais ce n'est pas moi qui l'ai dit…

Quel chantier !

Un gars du chantier va chez le médecin pour avoir le résultat de ses analyses. Le docteur dit :

– Alors voyons, vous avez des cailloux dans les reins, du sable dans les urines…

– Arrêtez docteur ! Au train où ça va, si j'éjacule, je vais faire du béton.

L'artisanat

Comment l'électricien dit-il « je vais t'enculer » dans son jargon ?

Votre installation n'est pas aux normes. Il faut tout refaire.

Les citations les plus drôles

– « Un électeur du Front national, c'est juste un communiste qui s'est fait cambrioler deux fois. »

Jamel Debouze

Les yeux dans les yeux

Qu'a dit Jérôme Cahuzac aux juges ?

Est-ce que suisser, c'est tromper ?

Du simple au double

Deux hommes discutent avec le barman.

Le premier dit :

– Moi, je ne crois que la moitié de ce que les gens me racontent.

– Et que faites-vous dans la vie ? demande le barman.

– Psychiatre.

Le deuxième raconte :

– Bah moi, je crois que le double de ce que les gens me racontent.

– Et quelle est votre profession ? demande le barman.

– Inspecteur des impôts.

P.A.P.

Deux copines bavardes :

– Tu as eu des réponses pour ta petite annonce où tu disais que tu cherchais un mari ?

– Oui… Plusieurs femmes m'ont répondu.

– Des femmes ? Mais pourquoi ? Que disaient-elles ?

– Prenez le mien !

Pas facile de se faire comprendre

Un muet se présente à Pôle emploi. D'emblée, il glisse la main sous la jupe de l'employée, plus que quinquagénaire, chargée de l'accueillir. Il se met à la caresser profondément.

Après avoir reçu une violente paire de gifles de l'employée furieuse, le muet saisit un morceau de papier et écrit :

« Je voulais seulement vous dire qu'étant archéologue au chômage, j'aime tout ce qui est antique et j'ai la passion des fouilles. »

Hotline bling

Une ado parle au téléphone et raccroche au bout d'une demi-heure de conversation. Son père s'étonne :

– Eh bien ! C'était court. En général, tu restes plutôt deux heures en ligne. Qu'est-ce qui s'est passé ?

– Rien, répond l'ado, c'était une erreur.

Fable

Sur un arbre se promène une chenille qui, tout d'un coup, aperçoit une belle feuille.

Elle se dit alors :

– Cette feuille, elle est pour moi, mais avant je vais attendre qu'il pleuve, elle sera bien grasse et je vais me régaler.

Voilà qu'il pleut, la feuille devient grasse et la chenille se jette dessus et commence son repas.

Pendant qu'elle mange la feuille, arrive un oiseau qui se dit à son tour :

– Cette chenille est pour moi, mais je vais attendre qu'elle finisse sa feuille, elle sera bien grasse et je vais me régaler.

La chenille termine la feuille, l'oiseau se jette sur elle et commence à la dévorer.

Pendant qu'il mange la chenille, vient à passer un chat femelle, donc une chatte, qui voit l'oiseau en plein repas. La chatte se dit à son tour :

– Cet oiseau est pour moi, mais avant je vais attendre qu'il finisse de manger la chenille, il sera bien gras et je vais me régaler.

L'oiseau finit son repas, la chatte prend son élan et saute pour attraper l'oiseau. Manque de bol, elle rate la branche et tombe dans la rivière en contrebas.

Moralité : plus les préliminaires sont longs, plus la chatte est mouillée.

Ripou blicain

Quelle est la différence entre un François Fillon et du pâté pour chien ?

Dans le pâté, il y a du cœur et de la cervelle.

Le plus religieux

Un juif, un catholique et un musulman discutent pour savoir qui, parmi eux, est le plus religieux. Le musulman leur dit :

– Un jour que j'étais sur mon chameau en plein désert, une énorme tempête de sable s'est levée. J'ai vraiment pensé que mon heure était venue. Pourtant, alors que j'étais par terre collé à mon chameau et presque enseveli, je n'ai jamais perdu ma foi en Allah le tout-puissant. J'ai prié, prié, encore prié, et soudain, la tempête de sable s'est arrêtée dans un rayon de 100 mètres autour de moi. Depuis ce jour, je suis entièrement dévoué à Allah et je suis capable de réciter le Coran par cœur !

Le catholique prend la parole et dit :

– Moi, un jour où je péchais sur un petit bateau, je me suis retrouvé à plusieurs kilomètres des côtes sans m'en rendre compte, et une tempête s'est levée venant de nulle part. Comme toi, j'ai cru que ma dernière heure était venue, mais je n'ai pas perdu la foi et j'ai prié, prié, prié encore le Seigneur. Et, soudain, tout autour de moi, la tempête s'est calmée, la mer est redevenue plate, et j'ai pu retrouver le port sans encombre. Depuis ce moment, je vais à l'église tous les jours, je fais le catéchisme et je recueille le denier du culte pour la paroisse !

Le juif prend la parole à son tour pour dire :

– Un jour que je me baladais en ville, par un bel après-midi ensoleillé, un sac de sport est apparu devant moi, sur le trottoir, venu de nulle part. J'ai plongé ma main dans le sac, et je me suis rendu compte tout de suite qu'il était plein de billets de banque. J'ai vraiment cru que mon heure était venue parce qu'on était samedi et qu'il nous est interdit de toucher à de l'argent le jour du shabbat. Mais je n'ai pas perdu la foi en l'Éternel ! J'ai prié, prié, encore prié, et soudain, dans un rayon de 20 mètres tout autour de moi, on est devenu mardi…

Élevage de poussins

Deux fous discutent :

– Avant, j'élevais des poussins mais j'ai tout abandonné.

– Qu'est-ce qui n'a pas marché ?

– Je les plantais beaucoup trop profondément.

Le meilleur pâtissier

Un monsieur araignée demande à sa femme :

– On mange quoi pour le dîner ?

– Une mouche au chocolat.

La différence

Quelle différence y a-t-il entre le programme d'Emmanuel Macron et un clou ?

Aucune, tous deux sont destinés à se planter.

DICTIONNAIRE 2018

Maquillage : opération qui rend les femmes plus belles et les comptes de campagne des Républicains acceptables.

Le bon coin

À vendre : bite.

Première main. Bon état général, très peu servi. Idéal pour les débutantes. À saisir.

69

Une fille, encore vierge, ramène son copain à la maison. Ils filent dans la chambre et elle lui suggère un 69 pour commencer.

– Qu'est-ce que c'est que ça, demande le garçon, pas plus instruit en matière de sexe ?

La fille, constatant l'inexpérience du garçon, lui répond :

– Moi je mets ma tête entre tes jambes, et toi tu mets ta tête entre les miennes.

Sans n'y rien comprendre, mais ne voulant pas gâcher ses chances, le copain accepte. Au moment précis où ils se trouvent en position, la fille laisse échapper une flatulence bruyante et malodorante. Le copain tousse, manque de s'étrangler et saute du lit. La fille, ennuyée, lui demande pardon, et lui dit que ça ne se reproduira pas.

Ils se remettent en position d'attaque, et au moment de s'y mettre, la fille laisse à nouveau échapper un vent nauséabond. Le copain furieux se lève et commence à se rhabiller.

– Qu'est-ce qui t'arrive ? Tu ne vas pas partir comme ça ? demande la fille.

– Tu crois quand même pas que je vais me taper les 67 autres !?

Une logique de motard

Un motard arrive dans une station-service. Pendant qu'on lui fait le plein, il se met à se gratter le crâne sans ôter son casque.

– Ça ne va pas ? demande le pompiste. Vous vous grattez la tête sans enlever votre casque !

– Et alors ? répond le motard, quand vous vous grattez le derrière, vous baissez votre pantalon ?

TU AS VOTÉ TRUMP TOI AUSSI
JE PENSAIS QU'IL NOUS DÉBARRASSERAIT DE TOUS CES BASANÉS...
Ranson

Mon fils !

Trois mères juives discutent :

– Mon fils, dit la première, tellement il a réussi, mon fils, que quand il veut il achète la moitié de la France !

La seconde lui rétorque alors :

– Ah eh bien, moi, mon fils aussi, il a tellement réussi que quand il veut il achète l'autre moitié de la France !

Et là, elles se tournent toutes fières vers la troisième qui les regarde et leur répond :

– Mais qui vous dit que mon fils, il veut vendre !

Une question existentielle

Pourquoi y a-t-il une position « minimum » et « maximum » sur les aspirateurs. Personne ne se dit : tiens, je vais aspirer le minimum de poussières ?!

Une bonne question

Quelqu'un sait à quelle page de la Bible on trouve la recette pour changer l'eau en vin ? C'est pour une fête ce week-end.

Les citations les plus drôles

« Moi je déguste les vins des cinq continents. C'est mon tour du monde en ballons. »

Philippe Geluck

Carences

Un homme dit à sa femme :

– Toi, tu manques de fer en ce moment.

– Ah bon ? Tu trouves que j'ai l'air fatigué ?

– Non, mais mes vêtements sont froissés !

À deux doigts !

François Fillon et DSK se lamentent dans un bar. Fillon dit à DSK :

– Et dire que j'étais à deux doigts de devenir président !

– Seulement deux doigts ? répond DSK. Petit joueur !

Ça ne va pas faire rire les Qataris

Quel est le point commun entre la Turquie, le Royaume-Uni et le PSG ?

Ils ont tous dit « non » à l'Europe.

Humour noir

– Papa, c'est quoi le sida ?

– C'est quelque chose de grave et de très désagréable qui peut arriver quand on ne met pas de préservatif. Un peu comme toi.

FLASH INFO

Selon un sondage, un Français sur deux détesterait l'autre Français sur deux.

Merci Macron !

Dans un bistrot, deux piliers de comptoir discutent de la loi Macron :

– Tu es pour ou contre l'ouverture des magasins le dimanche, toi ?

– Moi, répond le deuxième, je suis contre.

– Pourquoi ?

– Parce que si les femmes sont ouvertes le dimanche, c'est uniquement parce que les magasins sont fermés.

Détournement de fonds

François Fillon convoque le comptable des Républicains :

– Dites-moi, il manque 10 000 euros dans la boîte en fer où on met l'argent liquide pour acheter les petites fournitures. Or, il n'y a que deux personnes qui ont la clé : vous et moi ! s'énerve Fillon.

– Écoutez, M. Fillon, le mieux c'est qu'on remette 5 000 euros chacun et qu'on n'en parle plus !

Blague misogyne

Deux homosexuels se promènent en voiture, le premier dit au second :

– Dis-moi ! Tu conduis super mal tout d'un coup !

– Je sais, répond le deuxième. C'est parce que ça fait plus féminin !

Monsieur et madame...

Monsieur et madame Ticules ont une fille, comment s'appelle-t-elle ?

Tess (testicules).

Ça Trump énormément !

Une fois décédés, George Bush, Barack Obama et Donald Trump se retrouvent devant Dieu pour être interrogés. Dieu demande à Bush :

– En quoi crois-tu ?

– Je crois, répond Bush, en une libre économie, une Amérique forte, une nation solide...

Dieu est impressionné par Bush et lui dit :

– Bien, viens t'asseoir sur la chaise à ma droite.

Dieu s'adresse à Obama et lui demande :

– En quoi crois-tu ?

– Je crois, répond Obama, en la démocratie, l'aide aux plus pauvres et la paix mondiale. *Yes we can* !

Dieu est vraiment impressionné par Obama et lui dit :

– Très bien, viens t'asseoir sur la chaise à ma gauche.

Enfin, Dieu s'adresse à Donald Trump et lui demande :

– En quoi crois-tu ?

– Je crois, répond Trump, que tu es assis sur ma chaise !

Il arrive

Une femme enceinte appelle son mari :

– Allô, chéri, t'es où ?

– Je suis en boîte avec les copains, répond l'homme, un peu bourré.

– Je crois que le bébé arrive.

– Ah ! répond l'homme, ça m'étonnerait que les videurs le laissent entrer.

Joyeux Noël

François Fillon dit à Nadine Morano :

– Cette année, Noël tombe un vendredi.

– Ah merde ! s'exclame la femme politique, j'espère que ça ne sera pas un vendredi 13 !

Tête à queue

Dans le 13e arrondissement à Paris, un couple de restaurateurs chinois vient de se mettre au lit.

Quelques minutes plus tard, le monsieur glisse une main sous les draps et caresse doucement la cuisse de sa femme.

Elle lui dit doucement :

– De quoi as-tu envie, chéri ?

Le mari lui répond :

– Et si on faisait un 69 ?

Alors la femme se redresse d'un seul coup et dit :

– Quoi ??? Du porc sauce aigre douce à cette heure de la nuit ?

Le con bon génie

Un homme frotte une lampe et un génie lui apparaît :

– Salut à toi, je suis le génie de la lampe. Tu as droit à un vœu.

– Ouah super ! s'écrie l'homme. Alors, je veux laisser une trace dans la vie.

– Exaucé ! dit le génie, avant de transformer l'homme en escargot.

Blague classée X

Un basketteur de 2 mètres 10 se marie avec un petit bout de femme de 1 mètre 50. Pendant le repas de noces, un de ses copains lui demande :

– J'aimerais savoir, pour le sexe, comment vous faites ?

Et le basketteur lui répond :

– Ben, le plus souvent, je m'assois tout nu sur une chaise, puis elle s'assied sur moi et je la fais monter et descendre…

– Ça a l'air pas mal du tout ! répond, son ami.

– Oui, répond le mari, c'est un peu comme de se masturber, sauf que là j'ai quelqu'un à qui parler.

Un vrai héros

Un garçon confie à un ami :

– Hier soir, j'ai empêché une fille de se faire violer.

– Bravo, mon vieux, mais comment as-tu fait ?

– Après 500 mètres, je me suis arrêté de courir après elle.

L'inflation

Une petite vieille dit à une amie :

– Le prix de la nourriture est devenu si cher que j'ai l'impression d'être à la synagogue lorsque je vais au supermarché.

– Pourquoi ça ? demande son amie.

– Les gens déambulent dans les allées en criant : « Oh mon Dieu ! »

Mais c'est énorme !

Nicolas Sarkozy et Dominique Strauss-Kahn sont dans les toilettes d'un restaurant en train d'uriner côte à côte. Sarkozy se penche un peu et regarde le sexe de DSK et lui dit :

– Énorme ! Dominique… comment as-tu fait pour avoir un sexe si gros, c'est de naissance ou quoi ?

– Écoute Nico, si tu veux en avoir une pareille, il te suffit de la cogner sur les murs chez toi plusieurs fois par jour, moi je la cogne sur la rampe de l'escalier en montant à la chambre. Tu verras, ça marche.

Alors Sarkozy rentre chez lui, il sort son machin et commence à le cogner partout sur les murs et sur la rampe de l'escalier de la chambre… Et là, il entend la voix douce et langoureuse de Carla qui dit :

– C'est toi, Dominique ? Dépêche-toi le petit ne devrait pas tarder à rentrer !

Scène de ménage

Un couple discute tranquillement sur le canapé.

– Chéri, pourquoi tu regardes le sport à la télé alors que tu n'en fais pas ? plaisante la femme.

– Chérie, pourquoi tu lis des romans érotiques ? répond l'homme.

– …

– Voilà !

Une info de Closer

Jacques Brel a eu une fille cachée.

Elle s'appelle Francisca Brel…

En marche

Deux amis parlent de politique :

– Au moins, Emmanuel Macron n'a jamais eu de collaborateur pour sa circonscription.

– En même temps, c'est plus facile pour lui, il n'a jamais été élu !

Insémination

Sylvain, un jeune éleveur de vaches s'est inscrit à l'émission « L'amour est dans le pré ». Et comme beaucoup de candidats, il a été séduit par une jeune femme blonde de la ville. Elle s'appelle Carole.

Un matin, Sylvain dit à Carole :

– L'homme de l'insémination va venir pour inséminer une de nos vaches aujourd'hui. J'ai planté un grand clou dans un poteau de l'étable, juste au niveau de la vache à inséminer. Tu lui montreras où est la vache quand il arrivera ici, tu as compris ?

Puis Sylvain part pour les champs.

Après un certain temps, l'inséminateur arrive et frappe à la porte d'entrée. Carole l'emmène jusqu'à l'étable.

Ils marchent le long de la ligne des vaches, et quand elle voit le clou, elle lui dit :

– Voilà ! C'est cette vache.

Très impressionné par sa compétence, alors qu'il pensait avoir affaire à une blonde naïve, l'homme lui demande :

– Dites-moi, madame, comment savez-vous que c'est elle, la vache à inséminer ?

– C'est simple, c'est parce qu'il y a un clou là, au niveau de sa place, lui explique Carole.

Étonné, l'homme demande :

– Pourquoi un clou ?

Et la blonde lui répond très simplement en s'éloignant :

– Je suppose que c'est pour accrocher votre pantalon.

La femme du rabbin

Moshé se rend chez son ami Samuel et lui dit :

– J'ai une liaison avec la femme du rabbin et nous avons envie de faire l'amour. Peux-tu me rendre service et le retenir à la synagogue une heure de plus après le service ?

Samuel est un peu ennuyé par cette demande mais comme Moshé est son ami de très longue date, il finit par accepter.

Après le service, Samuel engage donc la conversation avec le rabbin et lui pose plein de courtes questions stupides et ridicules, pour l'occuper.

Au bout d'un certain temps, le sage rabbin devient suspicieux et finit par demander à Samuel où il veut au juste en venir avec toutes ses questions sans intérêt. Alors, pris de remords et de culpabilité, David finit par lui avouer :

– Voilà rabbi, mon ami est en ce moment en train de faire l'amour avec votre femme qui est sa maîtresse et il m'a demandé de vous tenir occupé pendant une heure.

Le rabbin sourit et posant fraternellement sa main sur l'épaule de Samuel, lui dit :

– À ta place Samuel, je me dépêcherais de rentrer à la maison. Mon épouse est décédée depuis deux ans…

FINALEMENT, J'AVAIS RAISON : MON ENNEMI, C'EST LA FINANCE.
ALORS C'EST LE PETIT BANQUIER QUI T'A FAIT RENONCER QUI VA TE SUCCÉDER ?
Ranson

Le sapin de Noël

Un soir de Noël, il y a bien longtemps de ça, le Père Noël se préparait pour sa tournée annuelle, mais il y avait de nombreux problèmes.

Quatre de ses petits lutins tombèrent malades et les stagiaires lutins ne produisaient pas les jouets aussi vite que les titulaires.

Du coup, le Père Noël commençait à sentir les désagréments du retard sur son planning.

De plus, Mère Noël dit à Père Noël que sa mère venait leur rendre visite pour les fêtes ce qui énerva un peu plus le Père Noël.

Il se rendit ensuite à l'étable et découvrit que deux rennes étaient enceintes et que deux autres s'étaient enfuies de l'étable. En plus, quand il commença à remplir sa hotte, celle-ci se cassa et tous les jouets se répandirent sur le sol.

Très en colère, le Père Noël décida de se boire une petite goutte de liqueur, en allant la prendre, il vit que les lutins avaient déjà tout bu, alors fou de rage, il jeta la bouteille à terre, et elle éclata en mille morceaux.

Pour éviter un scandale de Mère Noël, il décida de prendre le balai pour nettoyer le sol, mais celui-ci avait été croqué par les souris affamées.

Juste à ce moment-là, la porte sonne, le Père Noël très en colère va ouvrir, il tombe sur un petit ange qui transporte un arbre de Noël. L'ange lui dit d'une voix mièvre :

– Joyeux Noël Père Noël, n'est-ce pas un jour merveilleux aujourd'hui, j'ai un joli sapin pour vous, où voulez-vous que je le mette ?

C'est ainsi que commença la tradition du petit ange au sommet de l'arbre de Noël…

OM/PSG

En Arabie saoudite, un Marseillais, un Parisien et un Lyonnais sont surpris dans un état d'ébriété plus qu'avancé bien que la consommation d'alcool y soit rigoureusement interdite.

Le sultan décide alors de les punir pour l'exemple, tout en restant bienveillant à l'égard de ces étrangers qui ne connaissent pas les règles de son pays. Ainsi, pour éviter tout incident diplomatique, le sultan leur dit :

– Pour avoir consommé de l'alcool, vous aurez un châtiment corporel, soixante coups de fouet ! Mais puisque vous êtes des étrangers, je vais être bon avec vous. Avant de recevoir votre châtiment, vous aurez droit à un souhait !

Le Lyonnais dit alors :

– Je souhaite que vous m'attachiez un coussin dans le dos avant de me fouetter.

Son souhait est réalisé mais le coussin cède après les dix premiers coups.

Le Parisien, voyant cela, souhaite qu'on lui attache deux coussins dans le dos.

Aussitôt dit, aussitôt fait, mais pour lui aussi les coussins se déchirent très vite. Le sultan s'adresse alors au Marseillais et lui dit :

– Puisque tu es Marseillais et que je suis moi-même un grand fan de l'OM, je vais être particulièrement indulgent avec toi ! Tu as droit à deux souhaits mais choisis-les bien !

Le Marseillais lui dit alors :

– C'est d'accord, mon premier vœu est de recevoir deux cents coups de fouet au lieu des soixante.

Tout le monde est très surpris par son choix et le prend pour un fou.

– Mon deuxième vœu est qu'on m'attache le Parisien dans le dos !

Quelle frayeur !

Un djihadiste armé jusqu'aux dents entre dans un bus et hurle :

– Les mains en l'air !

Toto se lève et lui dit :

– Putain, tu m'as fait peur, j'ai cru que c'était les contrôleurs !

Les aiguilles tournent

Un homme meurt puis se retrouve face à saint Pierre. Ce dernier lui dit :

– Je te souhaite la bienvenue devant la porte du paradis.

Dubitatif, l'homme voit des horloges situées derrière saint Pierre.

– Pourquoi y a-t-il des horloges saint Pierre ?

– C'est simple mon garçon. Dès qu'une personne naît, une horloge apparaît, et dès qu'il dit ou fait une connerie, les aiguilles se mettent à tourner.

– Ah bon, et où se trouve celle de François Fillon ?

– Elle est dans ma chambre, je l'utilise comme ventilateur.

Coup de gueule

Quand tu es en primaire, tu passes toute ta scolarité à calculer l'heure exacte d'arrivée des trains en cours de maths. Puis, tu grandis, et tu découvres la SNCF, et tu comprends qu'on s'est bien foutu de ta gueule !

Extrait du discours de Marine Le Pen lors de l'entre-deux-tours

« Je serais la présidente de tous les Français ! Qu'ils soient blancs, blancs clairs, les yeux bleus, blonds ou crâne rasé. De tous les Français ! »

Œdipien

Deux psys discutent pendant l'entre-deux-tours de la présidentielle.

– Que pensez-vous de ce second tour, cher collègue ?

– Je pense que nous avons affaire à une élection très œdipienne.

– C'est-à-dire ?

– Avec Le Pen et Macron, nous avons celle qui a tué son père et celui qui a épousé sa mère.

Les citations les plus drôles

« Un sens interdit, en somme ce n'est qu'un sens autorisé, mais pris à l'envers. »

Pierre Dac

Énigme

Près d'un très, très haut cocotier, il y avait quatre animaux : un lion, un chimpanzé, une girafe et un écureuil. Ils décidèrent de faire une compétition pour savoir lequel serait le plus rapide pour aller chercher une banane en haut de l'arbre. À votre avis, qui va gagner ? Le lion ? Le chimpanzé ? La girafe ? Ou l'écureuil ?

Réponse : il n'y a pas de banane sur un cocotier.

Offre d'emploi au FN

Une Malienne se présente pour un emploi au Front national. Le DRH, profondément raciste, lui dit :

– Je cherche quelqu'un pour faire une revue de presse internationale. On va voir de quoi vous êtes capable. Tenez, lisez-moi cela.

Il lui tend alors un quotidien coréen.

– Alors, ricane-t-il, vous y arrivez ?

– Je déchiffre le gros titre, répond la Malienne.

– Et que dit-il ?

– « Il n'y a pas de place pour les Noirs dans un parti pourri comme le nôtre ! »

Boucle d'oreille

Un député remarque que François Fillon porte une boucle d'oreille.

Le sachant très conservateur, il trouve amusant ce changement et l'interroge :

– Je ne savais pas que tu aimais ça, les boucles d'oreilles ?

– Ça va, lui répond le candidat Les Républicain, un peu gêné, n'en fais pas tout un plat, c'est juste une boucle d'oreille.

– Et depuis quand tu la portes ?

– Depuis que Penelope l'a trouvée dans notre lit…

DicTionnaiRe 2018

Vêtements : ce que portaient les chanteuses de pop et de R'N'B dans le passé.

HÉ, JAMEL TU VEUX BIEN ME FAIRE MES LACETS?!
T'ES PAS DRÔLE, CROIZON, VA TE GRATTER!
Ranson

Il paraît que ça rend sourd

Une semaine après leur mariage, deux jeunes sourds-muets réalisent que dans l'intimité de leur chambre à coucher, l'obscurité ne favorise pas leur vie sexuelle.

Dans le noir, aucune possibilité d'utiliser la langue des signes, le mari a bien du mal à faire comprendre à sa femme son désir ardent de passer à l'action. Un soir, la femme propose donc, en langue des signes, une solution pratique à son époux :

– Nous allons mettre au point des signaux. Si tu as envie de moi, secoue-moi le sein droit et si tu n'as pas envie, secoue-moi le sein gauche…

Le mari pense qu'il s'agit là d'une idée prodigieuse et répond à sa femme, toujours en langue des signes :

– Très bien ! Et de la même façon si toi, tu veux faire l'amour, secoue mon sexe une fois et si tu ne veux pas, secoue-le 200 fois…

Chercheur… d'emploi

Deux amis discutent :

– Alors mon vieux, tu es toujours au chômage ?

– Je ne sais pas.

– Comment ça, tu ne sais pas ?

– J'ai postulé pour travailler dans un pressing et ils m'ont dit de repasser demain. Je ne sais pas comment le prendre.

La différence

Quelle est la différence entre le Messie et un plombier ?

Le Messie finira bien par arriver un jour.

En avant la musique

Nicolas Sarkozy et François Fillon déjeunent ensemble pendant l'affaire dite « Penelope ».

– Alors ta femme est toujours à la guitare ? demande Fillon à Sarko.

– Oui, toujours, répond l'ancien président. Et toi, la tienne n'est pas encore au violon ?

Le jeune Fillon

Dans les années 1960, le jeune François Fillon arrive à l'école avec une demi-heure de retard. Le prof énervé lui demande :

– Pouvez-vous justifier votre retard ?

– Oui, m'sieur ! Dans la rue, il y avait un type qui avait perdu un billet de 500 francs.

– Et tu l'as aidé à le chercher ?

– Non, répond le jeune Fillon, mais j'avais mon pied dessus.

Faites entrer Masterchef

Un petit garçon demande à son père :

– Papa, pourquoi maman, elle est si pâle ?

– Parce qu'elle a mangé des mauvais champignons !

– Et pourquoi elle est attachée, maman ?

– Parce qu'elle ne voulait pas les manger !

La grenouille

Une femme cherche un cadeau pour l'anniversaire de son mari. Elle se dit :

– Pourquoi pas un animal de compagnie ?

Elle rentre dans une animalerie et tombe en arrêt devant une grenouille affichée à 10 000 euros !!!

Elle demande au vendeur ce que la grenouille a de spécial pour valoir ce prix. Le vendeur répond :

– C'est parce qu'elle fait les fellations comme une déesse.

La femme se dit que c'est vraiment original et qu'elle fera plaisir à son mari car elle n'aime pas trop faire ça… Et hop, elle achète la grenouille emballée dans son bocal. Le soir, elle l'offre à son mari, lui souhaite de passer un bon moment et va se coucher.

Elle s'endort et se réveille à 3 heures du matin. Son mari n'est pas devant la télé mais dans la cuisine, avec de la farine partout, des bocaux ouverts, la sauce tomate sur le tablier, un cassoulet qui mijote sous les yeux grands ouverts de la grenouille.

La femme s'écrie :

– Mais qu'est-ce que tu fais ?

Le mari répond :

– Je lui apprends à faire la cuisine, et après tu te CASSES !

Le Brexit pour les nuls

Deux amis discutent politique :

– Tu as vu le Brexit ?

– Oui, ils nous ont fait chier pour rentrer, maintenant ils nous font chier pour sortir, les Anglais, ce sont les chats de l'Europe.

Biodégradé

Pourquoi Cécile Duflot veut-elle se faire incinérer quand elle sera morte ?

Parce que ce sera la première fois qu'elle remplira une urne !

Les mêmes coutumes

Un musulman discute avec un Basque :

– Nous, on mange et on boit que la nuit. On appelle ça le Ramadan, rit le musulman.

– Ah bon, répond le Basque, chez nous on appelle ça les fêtes de Bayonne !

Le sermon

Un curé monte en chaire un dimanche matin et dit à ses fidèles :

– Mes chers paroissiens, le titre du sermon du dimanche prochain sera : FOURRER ; PÉNÉTRER ; DÉCHARGER et JOUIR. À dimanche prochain…

Le message s'est transmis durant la semaine, de bouche-à-oreille dans le village. Le dimanche suivant, l'église était bondée, il y avait jusqu'à trois rangées debout en arrière.

Arrive le sermon, M. le curé monte en chaire et dit :

– Mes très chers paroissiens, je vous remercie d'être venus en si grand nombre ce matin et, tel que promis la semaine dernière, le sujet spécial de ce matin est : FOURREZ-VOUS bien dans la tête que pour PÉNÉTRER dans le royaume des cieux, il faut vous DÉCHARGER de vos péchés afin de JOUIR du paradis éternel. AMEN.

Blague belge

Un pédophile et un jeune enfant se baladent dans la forêt. L'enfant dit :

– Tu sais, j'ai peur du noir…

Le pédophile lui répond :

– Oh, ne te plains pas, moi, je vais devoir rentrer tout seul… !

Ligue morale

François Fillon fait un discours dans une petite ville. Le thème de la harangue, c'est la prolifération des DVD pornographiques sur les marchés.

Fillon dit :

– J'ai loué un de ces DVD et j'ai vraiment été choqué ! J'ai compté cinq fellations, trois sodomies dont une réalisée entre hommes, un transsexuel faisant l'acte sexuel avec un chien et une femme tentant de satisfaire 20 hommes en même temps !

Si vous m'élisez président, ce genre de pornographie ne viendra plus pervertir l'âme de ceux qui les regardent.

Et comme c'était une soirée-débat, il termine en disant :

– Avez-vous des questions ?

Alors tous les hommes de l'assemblée en chœur :

– OÙ EST-CE QU'ON PEUT AVOIR LE DVD ?

Révisez votre Bac philo

Que fait Platon quand ça le démange ?

Il Socrate.

Blague juive chinoise

Un homme commence à raconter une blague à ses amis :

– Alors, c'est deux vieilles juives qui vont à la synagogue…

Son ami l'interrompt, visiblement choqué :

– Je suis juif et j'en ai marre qu'on se moque systématiquement de nous !

– Oh, pardon, rectifie le premier, alors c'est deux vieilles… chinoises qui vont à la synagogue pour voir leur rabbin…

Ah, les familles !

Une belle-mère dit à son gendre :

– Vous me ferez mourir de chagrin.

– Tant mieux ! répond le gendre. Comme ça, on ne retrouvera pas l'arme du crime !

Mais oui, pourquoi ?

Pourquoi faut-il être majeur pour aller voter ?

Parce qu'on se fait baiser à chaque élection.

Les citations les plus drôles

« Et si tout n'était qu'illusion et que rien n'existait ? Dans ce cas, j'aurais vraiment payé mon tapis beaucoup trop cher. »

Woody Allen

Sacrée Brigitte !

Au Parc des Princes, deux supporters de foot parlent politique.

– Tu te rends compte ? La femme de Macron elle a détecté le potentiel d'un jeune mineur dans son lycée avant d'en faire le président de la République !

– Oui, et alors ?

– Et alors ? C'est Brigitte qu'on doit engager comme recruteur au PSG !

La grande librairie

Nicolas Sarkozy croise son rival Alain Juppé dans une librairie :

Sarkozy lui dit d'un air provocateur :

– Alain, j'ai lu ton livre, mais dis-moi, qui te l'a écrit ?

– Et toi, répond Juppé, qui te l'as lu ?

Comme un lapin

Au lit, une femme, furieuse, se tourne vers son mari et lui dit :

– Quoi ? C'est tout ? C'est déjà fini ?

– Mais ma puce, tu m'avais demandé de te faire l'amour comme un lapin !

– Non, chéri, comme un LATIN !

FLASH INFO

François Fillon est devenu président à titre costume.

LE VIVRE-ENSEMBLE

Le changement c'est maintenant

Une femme regarde son fils et dit à son mari :

– C'est quand même curieux, cet enfant ne ressemble ni à toi ni à moi !

– Je sais, répond le mari, tu te souviens à la maternité quand il a fait caca, tu as dit change-le.

– Oui, et alors ?

– Bah, je l'ai fait !

La règle, c'est la règle !

Une maîtresse annonce à ses jeunes élèves :

– Les enfants, n'oubliez pas, vendredi prochain c'est la journée des papas, chacun devra amener son père et le présenter à la classe…

Une petite fille lève sa main

– Oui Léa ?

– Mon papa ne viendra pas… snif… il est mort, dit la petite Léa, en larmes.

– Eh bien tu auras zéro, qu'est-ce que tu veux que je te dise ?

Ah les femmes !

Robert retrouve son copain Bernard affalé sur le zinc de leur bar habituel, dans un état d'ébriété avancé et les yeux rougis par les larmes.

– Qu'est-ce qui se passe mon pote ?

– C'est à cause d'une femme, répond Bernard.

– Une femme ? Il ne faut pas se mettre dans des états pareils pour une femme. Et puis d'abord, quelle femme ?

– C'est TA femme.

– Ma femme ? Qu'est-ce qu'elle t'a fait ?

– Eh bien, je crois bien qu'elle nous fait cocus…

La dette grecque

Le nouveau Premier ministre grec visite un important chantier à Athènes. Comme le sol est boueux, il a retroussé le bas de son pantalon pour ne pas l'abîmer. Soudain arrive son chef de cabinet, affolé :

– Les experts du FMI sont là ! Il faut tout de suite les recevoir !

Les deux hommes se hâtent vers les véhicules officiels. Le chef de cabinet fait remarquer au Premier ministre :

– Monsieur, vous devriez baisser votre pantalon.

– Ah bon, répond le Premier ministre. On leur doit tant d'argent que ça ?

Penelopegate

Durant la campagne présidentielle, deux amis parlent politique :

– Tu penses que François Fillon va se retirer ?

– Ça m'étonnerait, c'est pas son genre.

– Qu'est-ce qui te fait dire ça ? Pourquoi il n'est pas du genre à se retirer ?

– Il a cinq enfants !

En voiture

À la sortie de l'école primaire, un homme s'approche d'une petite fille et lui dit :

– Si tu montes dans ma voiture, je t'offre plein de bonbons.

Sagement, la petite fille lui répond :

– Non, maman m'a toujours dit de ne jamais accepter de suivre quelqu'un qui me propose des bonbons.

L'homme n'abandonne pas :

– D'accord, d'accord et si je te promets de t'acheter des jouets, tu viens avec moi dans la voiture ?

Une fois encore, la petite fille suit la voie de la sagesse et répond :

– Non ! Maman m'a dit de ne rien accepter des personnes qui veulent que je monte avec eux dans leur voiture.

L'homme commence à s'énerver et fait une dernière proposition à la petite fille :

– Bon, et que dirais-tu si je te donnais un billet de 20 euros ?

Lassée, la petite fille répond :

– Écoute papa, c'est pas la peine de chercher à m'acheter, je ne monterai pas dans ta voiture pourrie !

C'est un miracle

Antoinette, une petite vieille, est au plus mal ; le docteur a dit qu'elle ne passerait pas la nuit.

Léon est au chevet de sa femme et il pleure. Antoinette ouvre un œil et dit à son mari :

– Léon, avant de mourir, j'aimerais bien que tu me fasses sauter une dernière fois !

Léon n'en croit pas ses oreilles.

– Mais Antoinette, dans ton état, tu n'y penses pas !

– Oh que oui, que j'y pense, insiste Antoinette, qu'est-ce que j'ai à perdre, de toute façon le docteur a dit que j'allais mourir…

Alors Léon monte sur Antoinette et la remue une dernière fois. Mais il se passe quelque chose qu'on n'attendait pas.

Non seulement Antoinette prend du plaisir à la chose, mais elle redevient vivace et se met à hurler. Tant et si bien que quand Léon remonte son pantalon, Antoinette est assise sur le lit avec une cigarette.

– Ben Léon, fait Antoinette, pourquoi t'es triste ? T'es pas content que j'aille mieux ?

– Ben c'est pas ça, dit tristement Léon, mais si j'avais connu le truc avant, on aurait pu sauver mon père l'année dernière !

J'aurais voulu être un artiste

Le petit Kevin, 5 ans, dit à son père :

– Moi, papa, quand je serai grand, je veux être clown !

Son père lui rétorque :

– Eh bien, tu ne vas pas gagner beaucoup d'argent en faisant ce métier ! Tu devrais plutôt penser à être humoriste à la télévision, ça rapporte beaucoup plus.

Et, à cela, le petit Kevin se met à hurler :

– NOOOONNNNN, je ne veux pas être François Fillon !

Les perles des sportifs de l'année

« La Terre est plate… Je vous le dis, la Terre est plate. Je pense que vous devez faire des recherches là-dessus. C'est juste sous nos yeux, je vous le dis, c'est juste sous nos yeux. Ils nous mentent. Ils vous mettent volontairement dans la direction de ce qu'il faut croire et de ce qu'il ne faut pas croire. »

Kyrie Irving, basketteur star de la NBA

« On est des joueurs qu'on va vite avec le ballon. »

Franck Ribéry

« Si vous mettez un boudin de 80 kilos qui fait championne olympique du 100 mètres brasse, personne ne va mettre une bille dessus, à part la boucherie du coin. »

Philippe Lucas

« On ne va pas vendre la charrue avant d'avoir les bœufs. »

Renaud Lavillenie

« Figo s'entend super bien avec Roberto Carlos sur le terrain parce que le Portugais et le Brésilien se ressemblent vachement. »

Zinédine Zidane

« Il faut jouer à domicile comme on joue à la maison. »

Djamel Abdoun

« J'aimerais bien jouer dans un club italien. Comme le FC Barcelone par exemple. »

Mark Draper

C'est une légende !

Qu'est-ce qui fait : Vroum, screech, vroum, screech, vroom, screech ?

Une blonde à un feu orange clignotant.

Brève de bureau

Deux collègues discutent au bureau :

– Ah non, y'en à marre !

– Qu'est-ce qui t'arrive ?

– Non, j'en ai marre des vidéos qui durent 40 secondes sur Internet avec une pub de deux minutes avant ! Ça me fait penser à ma vie sexuelle.

– Quoi ?

– Non, rien.

Le débat

Lors du débat de l'entre-deux-tours, Marine Le Pen dit :

– Non mon parti n'a aucun rapport avec le nazisme ! Et je peux vous le prouver !! Comme les juifs, j'aime l'argent.

Joli prénom

– Papa, pourquoi ma sœur, elle s'appelle Rose ?

– Parce que ta mère aime les roses.

– Merci, papa.

– De rien, Levrette.

La NASA belge

La Belgique entraîne depuis de longs mois un spationaute en vue de sa prochaine mise sur orbite : régime alimentaire draconien, entraînement physique intense, lever tôt tous les matins, abstinence sexuelle absolue. Mais la fusée ne veut jamais décoller.

Aussi un matin, le brave et unique membre d'équipage craque et décide de rester au lit. Comme il ne veut pas risquer de se faire mettre à la porte, il décide d'envoyer Janik, son épouse, à sa place.

– Mais chéri, tu n'y penses pas !

– Mais si, je t'assure, en plus avec le scaphandre personne ne verra que ce n'est pas moi ! De toute façon, la fusée ne décolle jamais.

L'épouse se laisse convaincre et évidemment ce jour-là, la fusée part. Janik fait 70 fois le tour de la Terre et atterrit au large d'Ostende, complètement groggy. Elle se réveille allongée sur une table, la combinaison défaite jusqu'au nombril, avec au-dessus d'elle un type qui lui masse violemment les seins de haut en bas. Elle dit au gars :

– Mais qu'est-ce que vous faites ????

– Ne vous inquiétez pas mon commandant, on va vous les faire redescendre…

Et vous trouvez ça drôle ?

Deux fesses discutent, l'une dit à l'autre :

– Dis-moi, pourquoi on n'est jamais devenues amies ?

– Parce qu'entre nous, c'est toujours la merde.

Témoignage

« C'est vraiment dur de perdre sa femme. En tout cas, moi, je n'ai jamais réussi. »

JE N'IRAI PAS CHEZ LE JUGE !
JE NE RENDRAI PAS L'ARGENT !
ON POURRAIT LES METTRE DIRECTEMENT EN PRISON...
T'AS PAS PEUR QU'ILS S'Y RADICALISENT ?

Chez Freud

Cela se passe dans le cabinet du docteur Freud, en Autriche.

– Docteur, je ne sais plus quoi faire, mon fils est odieux, sadique. Il passe son temps à donner des coups de pied aux animaux, à faire tomber les personnes âgées, il arrache les ailes des papillons en rigolant, je ne sais plus quoi faire.

– Quel âge a-t-il ?

– Il a 4 ans.

– Alors ce n'est pas grave. Il se défoule maintenant et, plus grand, il deviendra gentil et doux comme un mouton.

– Ah, vous m'avez tranquillisée, merci beaucoup docteur.

– De rien, au revoir Mme Hitler.

Il s'aime

Bernard-Henri Lévy assiste à un cocktail et, s'adressant à une jeune femme, lui dit :

– Voyez-vous, chère amie, il y a deux hommes au monde que j'admire énormément.

– Ah, répond négligemment la jeune femme, et qui est l'autre ?

Breaking news

Un terrible incendie a détruit la bibliothèque personnelle du président Donald Trump. Ses deux livres ont été détruits. Le président est totalement effondré. Apparemment, il n'avait pas fini de colorier le deuxième.

Encore merci pour ce moment

François Hollande et Valérie Trierweiler roulent tranquillement sur une départementale. Soudain, le président regarde Valérie et lui dit :

– Écoute Val, nous sommes ensemble depuis dix ans, je pense qu'on devrait se séparer…

Trierweiler reste muette et accélère, 100 km/h.

– Val, il faut que je te dise que j'ai une aventure avec une actrice et d'ailleurs ça va faire la une de *Closer* demain matin.

Encore une fois, elle ne dit rien et accélère, 110 km/h.

Le président continue :

– Je te préviens, il faudrait que tu déménages de l'Élysée assez rapidement.

Trierweiler appuie sur la pédale d'accélérateur, 120 km/h.

– Je veux aussi la voiture, le compte en banque, les cartes de crédit, le bateau…

La voiture arrive près d'un mur et Trierweiler accélère, 130 km/h.

Le président lui demande :

– Et toi, que veux-tu ?

Trierweiler lui répond alors :

– Rien, j'ai déjà tout ce dont j'ai besoin !

– Ah oui, quoi ?

Trierweiler lui dit juste avant de percuter le mur :

– C'est moi qui ai l'airbag !

Quand l'économie va, tout va !

Un homme demande à un ami, vendeur de voiture :

– Alors, comment vont les affaires ?

– M'en parle pas ! répond le commerçant. Elles vont mal, très mal !

– À ce point ?

– Oui ! Lundi, je n'en ai vendu aucune, mardi, une seule mais d'occasion, mercredi rien, jeudi rien et vendredi c'était encore pire que jeudi.

– Ça ne peut pas être pire que jeudi !

– Si, parce que vendredi, le client qui m'a acheté une voiture mardi est venu me la rapporter.

Intouchable 2

Un homme retrouve un de ses amis assis dans un fauteuil roulant pour handicapé.

– Qu'est-ce qui t'est arrivé ?

– Un accident de voiture. Les médecins ont dit que je resterai paralysé à vie.

– Mon pauvre ! C'est épouvantable !

L'autre lui fait signe de se pencher et lui glisse à l'oreille :

– C'est un secret, ne le répète à personne, mais je n'ai rien. J'ai tout simulé pour toucher les cent briques de l'assurance, et ça a marché !

– Et tu vas jouer au paralytique toute ta vie pour cent briques ?

– Bien sûr que non ! La semaine prochaine, je pars pour un pèlerinage à Lourdes…

Le secret pour apprécier le vin

1. Ouvrir la bouteille et laisser le vin respirer.

2. Si on remarque que le vin ne respire pas, lui faire du bouche-à-bouche.

Charlotte

Une femme appelle son mari :

– Ça va, mon chéri ? Tu fais quoi ?

– Je me tape une Charlotte avec un pote.

– Hummm ! répond la femme. Aux fraises ?

– Quoi ? demande l'homme. Quelles fraises ?

FLASH INFO

Politique : DSK se présentera aux Européennes (bien roulées si possible).

Il y a une solution à tout

Un homme se confie à un ami :

– Ma copine trouve que la fellation la rabaisse.

– Et tu as fait quoi ?

– Je lui ai proposé de prendre une chaise.

Le saviez-vous ?

Comment reconnaître les bons champignons des mauvais ?

Faites-les goûter à Bachar al-Assad. S'il meurt, c'est qu'ils sont bons…

Un beau cadeau

Deux amis discutent :

– Moi, j'aime tellement ma belle-mère que pour son anniversaire, je lui ai donné un terrain près de l'église…

– Un terrain comment ? lui demande son ami.

– Oh, il n'est ni long ni large, mais il fait au moins 3 mètres de profondeur.

Sortez couvert

Un jeune homme drague une blonde dans un bar. Il la raccompagne chez elle. Elle l'invite à entrer et très vite, ils se retrouvent au lit.

– Je n'ai pas de préservatifs, dit l'homme.

– Ne t'inquiète pas, fait la blonde, je prends la pilule. Et puis, j'ai tellement envie de toi.

Ils font l'amour passionnément et, une fois terminé, le garçon dit :

– J'espère que tu n'as pas le sida ?

– Bien sûr que non ! Tu peux en être certain.

– Je préfère ça, répond l'homme soulagé, parce que je ne tiens pas à l'attraper une deuxième fois !

Une petite gâterie

Fidèle à ses habitudes, une petite vieille assiste à la messe du dimanche matin lorsque tout à coup, le curé dit dans son prêche :

– Que tous ceux qui ont commis le péché d'adultère s'avancent vers moi !

La petite vieille, un tantinet dure d'oreille, demande alors à son voisin :

– Pardon monsieur, mais qu'est-ce qu'il vient de dire monsieur le curé ?

Ce dernier lui répond :

– Il a dit que tous ceux qui désirent un bonbon à la menthe s'approchent de l'autel.

La petite vieille, chancelante, s'appuyant sur sa canne, se lève avec peine et s'approche du curé. Le prêtre lui lance alors, offusqué :

– Quoi ! Vous madame ? À votre âge ? Mais vous n'avez pas honte ?

La petite vieille lui rétorque alors :

– Non, monsieur le curé, c'est pas parce que je n'ai plus de dents que je ne suis plus capable d'en sucer un de temps en temps !

Déclin moral

Deux rabbins s'interrogent sur le déclin de la morale chez les jeunes :

– Moi, dit le premier rabbin, je n'ai jamais couché avec ma femme avant mon mariage, et vous ?

– Je ne sais pas, répond le deuxième rabbin, qu'elle était son nom de jeune fille ?

Qui n'a jamais menti sur son CV ?

Le directeur du *Figaro* se fâche :

– Jeune homme, quand je vous ai engagé, vous m'avez assuré que vous aviez travaillé pendant cinq ans au *Monde*, que vous aviez été grand reporter à *Libération* or, c'est faux !

– Votre annonce précisait que vous aviez besoin d'un journaliste à l'imagination fertile. Sur ce point, je pense que vous êtes pleinement satisfait !

L'élection américaine

C'est une enseignante dans une petite ville du Texas. Elle demande à ses élèves combien d'entre eux sont fans de Donald Trump.

Ne sachant pas vraiment ce qu'est un fan de Trump, mais voulant être interrogé par le professeur, tous les élèves lèvent la main, sauf le petit Jimmy. L'enseignant demande à Jimmy :

– Mais pourquoi ne lèves-tu pas le bras, comme tous tes petits camarades ?

Jimmy répond :

– Je ne suis pas un fan de Trump.

– Mais pourquoi ?

– Parce que je suis fan d'Hillary Clinton, répond le petit garçon.

L'enseignante lui demande des explications :

– Ben ma maman est une fan de Clinton, mon papa est un fan de Clinton, donc je suis fan de Clinton.

L'enseignante est un peu énervée, parce qu'elle est dans l'État du Texas :

– Et, si ta mère était stupide et ton père un idiot, qu'est-ce que tu serais, demande la prof ?

Jimmy répond :

– Ben cela me rendrait fan de Trump !

Monsieur et madame...

Monsieur et madame Scroutofromage ont une fille, comment s'appelle-t-elle ?

Jessica (j'ai six casse-croûte aux fromages).

IL N'AVAIT PAS DIT QU'IL NOMMERAIT UNE FEMME À MATIGNON, MACRON?
ÇA DOIT ÊTRE CONCHITA WURST...
Rangon

C'est la crise

Une femme demande à une amie :

– Dis-moi, c'est quoi ton secret minceur ?

– Le RSA !

Stérile

Un gynécologue annonce à une patiente :

– Mademoiselle, je vais être direct avec vous. Vous ne pouvez pas avoir d'enfant.

– Parce que je suis stérile ? demande la femme en larmes.

– Non, répond le gynéco, parce que vous être très moche.

Comme le Coca...

Deux amis se rencontrent après plusieurs années. Ils discutent de leur vie passée. L'un demande à l'autre :

– Et comment va ta vie sexuelle ?

– Comme le Coca-Cola…

– Ah ! Super ! Pleine de bulles, hein ?

– Rien de tout ça… Avant c'était « normal », puis ce fut « light » et maintenant c'est « zéro ».

Question d'histoire

Quel est le point commun entre Pépin le Bref et le roi David ?

Chacun était un sire concis.

Les citations les plus drôles

« Quand dans une réunion, un homme ne dit rien alors que tout le monde parle, on n'entend plus que lui. »

Raymond Devos

Rabbi Jacob

Le grand rabbin de New York rend visite à son homologue parisien.

Le grand rabbin de Paris vient le chercher à l'aéroport et, dans le taxi, ils s'échangent des politesses. Le grand rabbin de New York dit au grand rabbin de Paris :

– Tout de même, moi grand rabbin de New York, à côté de vous, grand rabbin de Paris, tss tss, je suis un moins que rien.

Le grand rabbin de Paris, embarrassé, répond au grand rabbin de New York :

– Mais vous plaisantez, mon cher, c'est moi, grand rabbin de Paris, à côté de vous, grand rabbin de New York, qui suis un moins que rien.

Le grand rabbin de New York répond au grand rabbin de Paris :

– Non, non, j'insiste, moi grand rabbin de New York, à côté de vous, grand rabbin de Paris, je suis un moins que rien.

Ça continue pendant un moment, jusqu'à ce que le chauffeur du taxi, qui est juif et n'en peut plus, se retourne :

– S'il vous plaît, ne dites pas ça, parce que moi, à côté de vous, grand rabbin de New York et grand rabbin de Paris, mais alors, je suis un moins que moins que moins que rien.

Et là, les rabbins se regardent, et le grand rabbin de New York dit au grand rabbin de Paris :

– Mais, dis donc, il se prend pour qui celui-là ?

Docteur Love

Ce matin-là au petit-déjeuner, un médecin et sa femme ont une discussion orageuse.

En sortant de la maison, le médecin lance à sa femme :

– En plus, tu es minable au lit !

Vers l'heure de midi, le médecin commence à avoir des remords et décide de téléphoner à sa femme. Après plusieurs sonneries, sa femme décroche à bout de souffle.

– Pourquoi as-tu mis autant de temps pour répondre, et pourquoi es-tu si essoufflée ?

– J'étais au lit.

– Qu'est-ce que tu faisais au lit à une heure pareille ?

– Je demandais l'avis d'un autre médecin…

Nouveau costume gratuit

François Baroin dit à François Fillon :

– Il est super beau ton costume !

– Merci, c'est un cadeau de ma femme Penelope.

– Ah bon ! Pour quelle occasion ?

– Aucune, comme ça. Et quelle délicatesse de sa part. Hier, je rentre chez moi plus tôt que d'habitude, ma femme faisait la sieste dans la chambre et le costume était sur une chaise, à côté du lit…

DICTIONNAIRE 2018

Archipel : outil nécessaire pour creuser des architrous.

Mariage pour tous

Christine Boutin entre dans un restaurant et demande :

– Je voudrais réserver une table pour mon mari, mon cousin et moi.

– Trois personnes donc, répond le maître d'hôtel.

– Non, répond Christine Boutin, deux !

Ma prière

Deux naufragés sont depuis des jours et des jours, perdus au milieu de l'océan sur un radeau. Ils ont faim, ils ont soif et sentent leur fin proche. L'un d'eux lève les yeux vers le ciel et s'écrie :

– Mon Dieu, je vous en supplie, sauvez-nous ! Si vous nous sauvez, nous ne boirons plus une seule goutte d'alcool, nous arrêterons de fumer, nous arrêterons de…

– Ta gueule ! hurle l'autre. Regarde, il y a un cargo qui arrive.

C'est logique

Un voyageur se plaint au chef de gare :

– Pouvez-vous me dire à quoi ça sert de publier des horaires si tous vos trains sont en retard ?

– Mais monsieur, répond le chef de gare, s'il n'y avait pas d'horaires, comment sauriez-vous qu'ils sont en retard ?

Grosse bêtise

Un couple avait deux garçons, un de 8 ans et l'autre de 10 ans, de vrais espiègles. Ils avaient fait à peu près tous les mauvais coups incroyables qui avaient eu lieu dans leur petit village.

À chaque fois que quelque chose se passait dans le village, les habitants savaient qui étaient les responsables.

La mère les avait punis, grondés, discuté avec eux, mais c'était peine perdue. Le père, après avoir fait la même chose, dit à sa femme :

– Qu'est-ce que tu dirais si on demandait au curé de corriger ces deux espiègles ?

Ils demandèrent donc au curé de discuter avec leurs enfants, mais il devait leur parler séparément.

Donc le plus jeune se présenta au presbytère le lendemain matin, le curé le fit asseoir et immédiatement lança au jeune :

– Où est Dieu ?

Aucune réponse.

Le curé répéta :

– Tu connais le bon Dieu ! Où est-il ?

Toujours le silence.

Le curé exaspéré par le silence du jeune lança cette fois-ci de sa grosse voix autoritaire :

– Pour la dernière fois, je te demande, où est Dieu ?

Le jeune se leva, prit ses jambes à son cou et sans s'arrêter se sauva directement chez lui. En arrivant, il prit son frère par le bras le tira jusque dans sa chambre ferma la porte et, à bout de souffle, lui dit :

– On est dans la merde, ils ont perdu le bon Dieu et ils pensent que c'est nous !!

Les citations les plus drôles

« En regardant les gens marcher dans la rue, on apprend à distinguer les hommes des femmes : les têtes qui se tournent vers toutes les vitrines des magasins sont celles des femmes. Il existe d'autres moyens de vérification. »

Groucho Marx

Monsieur et madame Morano

Monsieur et madame Morano ont quatre enfants, comment s'appellent-ils ?

Éva, James, Ester et Nadine (elle va jamais s'taire Nadine Morano).

La différence

Quelle différence y a-t-il entre Donald Trump et un yaourt ?

Au bout de quelque temps, le yaourt développe une certaine forme de culture !

Bêtisier de la presse

« La grippe aviaire menace un million de connards. »

Aujourd'hui en France

Je me suis fait mickey

Qu'est-ce qu'un Disneyland homosexuel ?

Un parc d'attrape fions.

Petit suisse

Dans un train, les voyageurs s'ennuient. L'un d'eux propose de raconter des histoires drôles pour passer le temps.

– J'en connais une bien bonne… C'est un Suisse qui…

Son voisin se lève en protestant :

– Ah non monsieur ! Je suis Suisse !

Alors l'autre :

– Ce n'est pas grave, je vais la raconter lentement…

Les confessions de François Hollande

François Hollande prie devant le crucifix de la chapelle de l'Élysée :

– Seigneur, pardonne-moi pour mes péchés. Je sais que ce n'est pas très bien pour un socialiste de taxer les plus pauvres et de laisser les riches s'enrichir. Je sais que c'est mal de faire croire aux électeurs que je peux faire baisser le chômage. Je sais que ce n'est pas bien de chasser les Roms pour obtenir les votes de l'extrême droite. Je sais que c'est mal de trahir la confiance que les Français m'ont donnée. Mais sache Jésus que je t'aime de tout mon cœur !

À ce moment Hollande entend une voix qui lui dit :

– Tu as de la chance que j'aie les pieds cloués, sinon, ça fait longtemps que tu aurais pris mon pied dans la gueule !

Monsieur et madame…

Monsieur et madame Jaifroy ont une fille, comment s'appelle-t-elle ?

Sandra (sans drap, j'ai froid).

Faux monnayeur

Dans un bureau de tabac, une jeune fille achète un paquet de cigarettes et sort un billet de 100 euros. La caissière l'examine et dit :

– Ce billet est faux, mademoiselle.

– Le salaud ! Mais… mais alors… c'était un viol !

Complètement timbré !

Une bonne sœur va voir son gynécologue :

– Docteur, je ne comprends pas, à chaque fois que j'ai mes règles, je retrouve des timbres sur ma serviette !

– Allongez-vous je vais voir ça, parce que… c'est surprenant.

Il l'examine et finit par dire :

– Je vois ce que c'est !!! Ma sœur, ce ne sont pas des timbres. Ce sont les étiquettes collées sur les bananes.

Une hécatombe

Un matin, pendant que le fils déjeune, le père lit le journal. Soudain, il dit :

– Et dire qu'à chaque fois que je respire, des milliers de personnes meurent…

Et le fils lui répond :

– Bah, change de dentifrice !

à MéDiTeR

La femme est l'avenir de l'homme. Par exemple, là, elle est dans la salle de bains et ce sera aussi notre cas, dans au moins une heure *a priori* !

Véritables perles des rapports de police

– Le suspect s'est alors décidé à passer aux aveux sans même qu'on ait à le frapper.

– Comme il devait être pris en charge au plus vite par un asile d'aliénés, il a été conduit au poste de police.

– Il lui bottait le derrière à tour de bras.

– N'ayant pu abuser de la jeune femme, il la viola sauvagement.

– L'homme était assez lucide pour constater qu'il n'avait plus toute sa lucidité.

– Ayant perdu les deux bras, le conducteur faisait de grands signes pour attirer l'attention des autres automobilistes.

– Bien que nous étions cinq à encercler l'homme, celui-ci a réussi à s'enfuir sans difficulté.

– N'écoutant que son courage, la policière fut obligée de battre en retraite.

– Pour sortir, il est clair que l'homme avait d'abord dû entrer.

– Les recherches ont permis de retrouver rapidement les cinq cadavres des deux disparus.

– Personne n'ayant donné les ordres nécessaires, il n'était pas difficile d'y obéir.

– Nous avons été obligés de constater le décès avant que le mort ne nous décrive son agresseur.

– Un violent coup de marteau l'avait cloué au lit depuis deux jours.

– Le cadavre ne semblait pas en possession de toutes ses facultés.

POURQUOI VOUS ME SERREZ COMME ÇA? JE NE RISQUE RIEN ICI QUAND MÊME?!
NOTRE MISSION A ÉTÉ REDÉFINIE : NOUS DEVONS PROTÉGER LE MONDE EXTÉRIEUR DU PRÉSIDENT.
Ranson

Secret médical

Une femme veut se faire opérer car elle trouve que ses lèvres vaginales sont trop grandes.

Elle demande au médecin de garder le plus grand secret sur l'opération, car elle est embarrassée et ne veut surtout pas que quelqu'un le sache.

– Nous sommes tenus au secret professionnel, madame, lui répond-il.

Après l'opération, au réveil, elle trouve trois roses placées avec soin à côté de son lit. Outragée, elle appelle le médecin :

– Je pensais vous avoir demandé de ne parler de mon opération à personne !

– Ne vous inquiétez pas, je n'ai rien dit à personne. La première rose est de moi. Je me suis senti mal, parce que vous avez traversé tout cela complètement seule. La deuxième est de mon infirmière. Elle m'a aidé à vous opérer.

– Et la troisième ?

– Elle provient d'un type dans l'unité des grands brûlés, qui vous remercie pour ses nouvelles oreilles.

Les hommes politiques sont des hommes avant tout !

Les hommes politiques parlent à leurs électeurs comme les hommes parlent aux femmes. Ils leur disent :

– Faites-moi confiance, et vous verrez que tout ira pour le mieux avec moi.

Et neuf mois plus tard, vous êtes dans la merde !

À dormir debout

Un député rêve qu'il prononce un discours devant le parlement.

Et quand il se réveille… Il est effectivement en train de prononcer un discours au parlement.

J'aime ma boîte

Un commercial, une secrétaire et un DRH sortent du bureau à midi et marchent vers un petit restaurant lorsqu'ils trouvent, sur un banc, une vieille lampe à huile.

Ils la frottent et un génie s'en échappe.

– D'habitude, j'accorde trois souhaits, mais comme vous êtes trois, vous n'en aurez qu'un chacun.

La secrétaire bouscule les deux autres en gesticulant :

– À moi, à moi ! Je veux être sur une plage des Bahamas, en vacances perpétuelles, sans aucun des soucis pour me gâcher la vie.

Et pouf, elle disparaît.

Le commercial s'avance à son tour :

– À moi, à moi ! Je veux siroter une piña colada sur une plage de Tahiti avec la femme de mes rêves !

Et pouf, il disparaît.

– C'est à toi, dit le génie en regardant le directeur du personnel.

– Je veux que ces deux cons soient de retour au bureau après la pause déjeuner…

Moralité : laissez toujours les chefs s'exprimer en premier.

FLASH INFO

François Fillon vient d'annuler sa visite à la prison de la Santé de peur qu'on lui demande d'enlever sa cravate et ses lacets.

La bonne blague

À bord de leur nouvelle Mercedes, un père et son jeune fils roulent sur une petite route de campagne. Après quelques kilomètres, l'enfant demande à son père :

– Papa, ça sert à quoi le truc que l'on voit sur le capot de la voiture ?

Son père lui répond, amusé :

– Tu vois, mon fils, ça c'est un viseur, ça permet de viser les piétons.

La voiture arrive alors au niveau d'un passage piéton où traverse une famille.

– Allez papa, tu vas les avoir. Tu vas les avoir !

Le père arrive alors à fond sur la famille mais l'évite à la dernière seconde.

À ce moment, on étend un grand boum, des cris, des hurlements de toutes parts, le fils dit à son père :

– Papa, heureusement que j'ai ouvert ma portière, sinon on allait les rater.

Le feu au c...

Un pompier de Paris rentre du boulot et dit à sa femme :

– Tu sais, ma chérie, à la caserne, on a un système efficace. À la première sirène, on s'équipe ; à la deuxième sirène, on se laisse glisser le long du mat ; à la troisième, faut qu'on soit prêt à partir dans les camions.

Alors, voilà, à partir de maintenant, on va faire pareil à la maison. Quand je dis « première sirène », tu te déshabilles ; quand je dis « deuxième sirène », tu sautes dans le lit ; et quand je dis « troisième sirène », on s'y met pour une nuit de galipettes…

Le soir suivant, le pompier rentre de la caserne et hurle :

– Première sirène ! Et sa femme se déshabille en vitesse.

– Deuxième sirène ! Et sa femme plonge sous les couvertures.

– Troisième sirène ! Et ils commencent à faire l'amour.

Après quelques minutes d'activité, sa femme hurle :

– Quatrième sirène !

– C'est quoi, la quatrième sirène ? demande son pompier de mari.

– Rajoute du tuyau, tu es trop loin du feu !

Entretien d'embûche

Lors d'un entretien d'embauche, un DRH accueille une blonde :

– Bien, mademoiselle, pour commencer, pourquoi êtes-vous habillée en boxeur ?

– Ben, répond la blonde, on m'a dit qu'il fallait le costume Rocky.

– Requis !

– Ah…

L'alcootest

Un gendarme arrête un automobiliste et lui demande de souffler dans l'alcootest.

– Jamais ! Vous m'entendez, jamais ! proteste le conducteur, outré, je n'ai aucune raison de souffler là-dedans. Je n'ai jamais bu de ma vie.

– Alors, dit le policier, je vais compter jusqu'à trois, et si à trois, vous n'avez toujours pas obtempéré, je le ferai à votre place et là, croyez-moi, vous allez perdre au moins cinq points.

La mort du pape

Le pape François se meurt. Il fait convoquer au Vatican Sarkozy et Berlusconi.

– Asseyez-vous à mes côtés, dit-il.

Puis il regarde le plafond sans mot dire. Au bout de vingt minutes, Sarkozy se hasarde à lui poser une question :

– Grand Saint-Père, que nous vaut l'honneur de vous assister en vos derniers instants, nous ne sommes même plus présidents ?

Et le pape François répond :

– Jésus est mort entre deux voleurs. Je veux faire de même.

Votez Fillon

Une petite vieille en traversant la rue fait une chute et se ramasse sur le derrière. François Fillon, qui la suivait par hasard, s'empresse de l'aider à se relever. Il dit à la dame :

– Cela fut un plaisir pour moi de vous aider. Est-ce que vous m'avez reconnu ? Je suis François Fillon ! J'espère que vous voterez pour moi.

La dame lui réplique :

– Vous savez, je suis tombée sur le cul, pas sur la tête !

Robotiseur

Qu'est-ce qu'un robotiseur ?

C'est un robot qui boit, qui boit, qui boit !

C'EST NOTRE ANCIEN DÉPUTÉ, ON POURRAIT LUI DONNER UN EURO OU DEUX ?
ON LUI A DÉJÀ DONNÉ LORS DES PRIMAIRES
Ranson

Une longue tradition

Trois amis, un chirurgien, un architecte et un politicien, discutent autour d'une table pour savoir quelle est la plus ancienne de leurs professions :

– C'est la mienne, assure le chirurgien. La Bible dit bien qu'Ève est née après qu'Adam avait subi l'ablation d'une côte.

– Non, c'est la mienne, fait l'architecte. Le monde a été créé à partir du chaos. C'est évidemment un travail d'architecte.

– Et alors, questionne le politique. À votre avis, qui avait créé le chaos ?

SONDAGE POLITIQUE

Une chaussure sur deux serait de gauche.

Pour faire des économies

Quelle est la différence entre un pédophile et un baby-sitter ?

La pédophilie ne te demande pas d'argent pour s'occuper de tes gosses.

C'est pas du gâteau

Mamie Nova et Papy Brossard sont dans un bateau. Mamie Nova tombe à l'eau. Qu'est-ce qui reste ?

Un vieux croûton qui ne peut plus tremper son biscuit.

Les citations les plus drôles

« Dieu a créé l'homme. Et ensuite, pour le remercier l'homme a créé Dieu. »

Philippe Geluck

Je suis Charlie !

Un terroriste entre dans un café en hurlant :

– Allah est grand !

– Ah ouais, répond un homme, et il n'a jamais pensé à faire du basket ?

Dragueur

Dans une boîte de nuit, un homme aborde une jeune femme :

– Tu danses ?

– Non, répond la jeune femme.

– Cool, répond le dragueur, alors toi aussi tu es venue pour baiser ?

Un vrai Parisien

Dans un métro bondé, un voyageur remarque un homme assis, qui ferme les yeux mais sans dormir.

– Vous êtes malade, monsieur ?

– Non, répond l'homme, mais j'ai horreur de voir ces vieilles dames debout.

Une histoire d'invention

Deux hommes préhistoriques discutent. Le premier explique son idée à l'autre :

– Tu vois, je garde tes poules pour pas qu'on te les vole. Pendant ce temps-là, tous les œufs qu'elles pondront seront à moi. De temps en temps, je t'en donnerai un. Mais il faut que tu ramènes du maïs pour les nourrir.

– Et comment dis-tu qu'elle s'appelle, ton invention ?

– Une banque.

C'est pas dans le Kamasutra ?

Un homme propose à une prostituée une caresse inédite.

– Laquelle ? demande la professionnelle, qui en a vu d'autres.

Le type répond :

– Je vais te caresser le nombril.

– Bof, ce n'est pas très excitant.

Il précise :

– Oui, mais de l'intérieur !

Devinette

Qu'est-ce qui sépare deux obsédés sexuels de quatre cochonnes ?

Une porte de cockpit.

Témoignage

Ma mère n'arrête pas de me demander : « Quand est-ce que tu seras célèbre ? »

Je lui ai répondu : « Quand ils trouveront les corps, maman… »

Message codé

Irrité par la prolifération de nouvelles et de contre-nouvelles faisant état de sa mort, le chef de Daesh s'est décidé à envoyer un message personnel à Donald Trump. Après avoir fait vérifier qu'il n'y avait ni explosif ni trace d'Anthrax ou autre germe, le président américain ouvre la lettre et découvre un message codé : « 370HSSV 0773H »

Trump ne comprend pas, alors il envoie le message à la CIA, ils sèchent aussi ; ils adressent le message au FBI ; tous les experts en cryptologie planchent sur le mystérieux message... Rien !

Le président Trump est furieux, il veut comprendre. Ce message signifie sans doute quelque chose et c'est probablement important ; peut-être vital pour la nation.

Après beaucoup d'hésitation, le message est finalement envoyé aux experts du contre-espionnage français ; ceux-ci ont vite fait d'élucider le mystère.

Le président Hollande est un peu embarrassé, mais il se décide à faire envoyer le message suivant à la Maison Blanche :

– Dites au président Trump, qu'il tenait le message à l'envers...

Pour les moins rapides cela donne : « HELLO ASS HOLE » (salut trou du cul).

Choix cornélien

Deux amis discutent de politique, juste avant le premier tour de la présidentielle :

– Si tu avais le choix entre Mélenchon et Le Pen, tu prendrais quoi ?

– Je sais pas, j'hésite.

– Tu hésites entre quoi et quoi ?

– Le cyanure ou la pendaison.

La porte de derrière

Un homme turlupine sa femme pour la sodomiser. Après plusieurs années de refus, elle accepte enfin. Le lendemain matin, elle se lève, voit son mari dans la cuisine qui prend son petit déjeuner.

– Bonjour chéri, en forme ?

Mais ce dernier ne lui répond pas.

– Mais chéri, que se passe-t-il ?

Il griffonne quelque chose sur un papier et lui tend. Dessus, il est inscrit : « Je ne parle pas aux enculées ! »

Une bonne question

Est-ce que quand un végétarien marche sur une pelouse, on peut dire qu'il met les deux pieds dans le plat ?

Blague de merde

Où porte-t-on les bretelles les plus longues ?

À Cuba.

Le meilleur endroit

Quel est le meilleur endroit pour entendre un discours de Marine Le Pen ?

Les toilettes : parce que quoi qu'elle dise, on en sort toujours soulagé !

L'hôtesse de l'air

Une jeune hôtesse de l'air un peu cruche effectue son premier vol.

À l'escale, le commandant de bord lui indique un hôtel et lui donne rendez-vous le lendemain matin à l'aéroport pour le vol de retour.

À l'heure prévue, l'hôtesse ne se présente pas. Énervé de ce retard, le commandant appelle l'hôtel et obtient la chambre de la jeune fille. Il lui demande de s'expliquer sur son retard.

Pleurant à chaudes larmes, la jeune fille marmonne à l'autre bout de la ligne :

– Je suis prisonnière dans la chambre. Je ne sais plus quoi faire.

Surpris, le commandant répond :

– Mais enfin que se passe-t-il ?

La malheureuse réplique :

– Écoutez commandant, dans cette chambre, il n'y a que trois portes. La première, c'est la salle de bains, la seconde, c'est un placard et sur la troisième, il y a un panneau qui dit : « Ne pas déranger… »

Le premier venu

Lors d'une dispute conjugale, un homme dit à sa femme :

– C'est bien toi qui m'as dit que plusieurs hommes avaient demandé ta main, hein ? demande le mari énervé.

– Oui, plusieurs, répond sa femme.

– Eh bien, tu aurais mieux fait de te marier avec celui qui t'avait demandé le premier.

– Mais, c'est ce que j'ai fait…

Un petit fortifiant

– Docteur, je voudrais bien un petit fortifiant.

– Un fortifiant ? Qu'est-ce qui ne va pas, cher monsieur ?

– Ben v'là docteur, bon on est entre hommes, vous comprenez ?

– Bien sûr… Bien sûr…

– Quand j'vais voir ma copine, c'est plus comme avant, voyez ben s'que j'veux dire ?

– Bien sûr, bien sûr, racontez-moi…

– Bon ben voilà ce qui m'arrive vous comprenez, on est entre hommes, hein ? Bon, pour le premier ça va, pour le deuxième ça peut aller mais maintenant pour le troisième j'peux plus !

– Je vois je vois, je vais vous donner un fortifiant, mais je vous conseille vu votre âge de vous arrêter au deuxième.

– Ben oui, docteur, mais ma copine, elle habite au quatrième !

La rose est fanée

Pourquoi le parti socialiste vient-il de changer son emblème de la rose pour du muguet ?

Parce que c'est la seule plante qui puisse soutenir autant de cloches sur la même branche…

Hiéroglyphes

Dans l'Égypte antique, des élèves sont en pleine dictée.

Le petit Khéops demande discrètement à son voisin :

– Dis-moi, « viril », ça s'écrit avec une ou deux couilles ?

FRANCHEMENT, CAMBADÉLIS, ON AURAIT MIEUX DÉFENDU LE REVENU UNIVERSEL, ON N'EN SERAIT PAS LÀ !
Ranson

Et ça vous fait rire ?

Que fait un zoophile avant de courir ?

Il prend son élan !

Témoignage

« Ma fille perd ses dents de lait, c'est mignon, on dirait un SDF. »

Rendez-vous en terre bien connue

Nabilla entre dans une agence de voyages :

– J'ai vu que vous proposiez une brochure intitulée l'ABC des villes à découvrir.

– En effet, mademoiselle.

– Et vous n'avez que l'ABC ? Pas le X ?

– Pourquoi le X ?

– J'aimerais visiter les ruines de Sodome et Gomorrhe.

La différence

Quelle est la différence entre Carla Bruni et Blanche-Neige ?

Blanche-Neige a 7 nains.

Probablement le plus mauvais jeu de mots du monde

Pourquoi un Japonais a toujours froid quand il habite en bord de rivière ?

Parce que le Nippon de la rivière caille !

Primaires de la droite

Au comptoir d'un bistrot un homme dit à un ami :

– Tu as suivi le retour de Sarkozy à la télé ?

– Ouais, enfin j'ai vu le condensé.

– Ah, il a dansé en plus ?

La différence

Quel est le point commun entre DSK et Godzilla ?

Vous ne savez pas ? Eh ben, si on s'approche trop, on se prend un coup de queue !

Aux portes du paradis

Einstein arrive au paradis, et devant la porte d'accès se trouve Dieu qui lui demande :

– Nom, prénom, profession.

Einstein répond :

– Einstein, Albert, physicien.

Dieu lui dit :

– Il y a beaucoup de personnes qui se sont fait passer pour Albert Einstein, donc il me faut une preuve de votre véritable identité.

– Donnez-moi un tableau et une craie, dit Einstein.

Dieu claque des doigts et Einstein se retrouve devant le tableau, sur lequel il fait la démonstration complète de la théorie de la relativité. Dieu est épaté, et lui donne le droit d'accès.

Quelque temps plus tard, Picasso se pointe devant la porte du paradis. Dieu s'adresse à lui :

– Nom, prénom, profession.

– Picasso, Pablo, artiste.

– Il y a beaucoup de personnes qui se sont fait passer pour Picasso, donc comme Einstein l'a fait, donnez-moi une preuve de votre véritable identité.

Picasso demande une toile et des pinceaux, Dieu claque des doigts, et Picasso refait une de ses plus belles toiles période bleue. Dieu le félicite et lui donne le droit de passage.

Bien plus tard, Donald Trump se pointe au paradis et, est arrêté par Dieu, qui lui demande :

– Nom, prénom, profession.

– Trump, Donald, ex-président des États-Unis.

– Ok, fait Dieu, mais beaucoup de personnes se sont fait passer pour

Donald Trump, donc comme l'ont fait Einstein et Picasso, il me faut une preuve de votre identité.

Trump le regarde et lui demande :

– C'est qui Einstein et Picasso ?

Et Dieu lui répond :

– C'est bon Donald, tu peux entrer…

Et petit tour et puis s'en va

Un journaliste interroge Benoît Hamon au lendemain de sa cuisante défaite au premier tour de la présidentielle :

– Ne pensez-vous pas que votre défaite peut être imputable à votre incapacité d'exprimer clairement vos idées durant cette campagne ?

– Mais… répond Hamon, heu ; non, enfin, oui mais non, disons que oui, mais en fait non.

Mise en abyme

Une petite fille demande à son papa :

– Papa, c'est quoi une mise en abyme ?

– Une mise en abyme… tu vois là-bas, le monsieur qui distribue des tracts pour Fillon entre le tailleur et le commissariat ?

Complètement pompette !

Il est 3 heures du matin, un homme ivre mort est accoudé au comptoir d'un bar et décide, enfin, de rentrer chez lui.

Il s'éloigne du comptoir, fait deux pas et s'écroule par terre.

Il se dit : « Oh là là, mais je suis vraiment trop bourré moi ! C'est pas grave, je vais ramper jusqu'à la porte. »

Une fois dehors, l'homme pense que l'air frais va lui faire le plus grand bien et le dégriser. Il décide alors de se remettre debout. Mais après deux pas, il retombe péniblement à terre. La mort dans l'âme, il se met à ramper pendant deux kilomètres jusqu'à son pavillon.

Il ouvre sa porte, rampe dans le séjour, escalade les escaliers comme il peut, arrive enfin jusqu'à la chambre et tombe dans son lit, aux côtés de sa femme.

Au petit matin, son épouse, furieuse, le réveille en lui hurlant :

– Eh ! Dis-moi, tu as encore trop bu hier soir !

– Non chérie, pourquoi est-ce que tu dis ça ?

– Parce que le bar vient de m'appeler pour me dire que tu avais encore oublié ton fauteuil roulant !!!

Comme papy

Emmanuel Macron dit à son petit-fils :

– Fais-moi plaisir, travaille bien à l'école, fais une école de commerce comme HEC, et après crée ton entreprise, fais la coter en Bourse et partage tes profits avec tes salariés.

– Quoi, répond le gamin, avec ces grosses feignasses qui ne bossent que trente-cinq heures !

IL M'A BIEN EU, MACRON !
BOIS UN COUP, BAYROU, ÇA VA PASSER.
Larson

Chez le dentiste

Une femme arrive chez son dentiste et dit à la secrétaire médicale :

– Je viens pour me faire enlever une dent de sagesse.

Alors, l'assistante lui répond :

– Eh bien, vous êtes bien courageuse !

– Oh là, là, dit la patiente. Vous savez, je préférerais bien mieux avoir un autre bébé.

Alors le dentiste intervient et dit :

– Pas de problème, madame. J'ai juste la position du fauteuil à changer…

Lèche-vitrines

Une touriste en promenade à Tel-Aviv remarque que sa montre ne marche plus. Elle commence à chercher une boutique d'horlogerie pour la faire réparer. Or, dans le quartier où elle se trouve, toutes les enseignes sont écrites en hébreu.

Elle trouve enfin un magasin dont la vitrine est remplie de toutes sortes d'horloges. Elle entre et dépose sa montre sur le comptoir, devant le propriétaire de la boutique.

– Pouvez-vous me réparer cette montre ?

– Non, madame, ça m'est tout à fait impossible.

– Mais pourquoi ? Il s'agit d'un modèle très ordinaire !

– Hélas, je ne peux pas vous aider. Je ne suis pas horloger. Je suis rabbin, et j'effectue des circoncisions.

– Mais alors, pourquoi ces horloges dans votre vitrine ?

– Chère madame, qu'aurais-je dû y mettre, à votre avis ?

Radin !

Dans une station-service arrive un radin.

– Mettez-moi une goutte d'essence… Juste une goutte ! Ah, et mettez-moi aussi une goutte d'huile ! Juste une goutte !

Et le pompiste de répondre :

– Pour gonfler vos pneus, je pète ?

Le costard

Un homme sonne chez un ami :

– Bonsoir Martin, excuse-moi de te déranger si tard, mais mon père est décédé, on l'enterre demain et je n'ai pas de costume.

– Nous sommes amis, je vais te prêter mon plus beau costume !

L'homme s'en va avec le costume à 10 000 euros, ravi. Une semaine plus tard, sans nouvelles de son ami, l'homme se rend chez lui :

– Bonsoir mon vieux, je viens récupérer mon costume !

– Mais, c'est impossible, tu sais bien que mon père a été enterré avec !

Humour noir

Un Chinois rencontre un ami et lui dit :

– Je vais à l'hôpital avec ma femme enceinte. Le docteur va enfin nous dire si c'est un garçon ou un avortement.

Je suis une célébrité

À la terrasse d'un café sur le Vieux-Port de Marseille, trois amis s'interrogent sur la célébrité.

– Pour moi, dit le premier, la célébrité, c'est d'être invité à l'Élysée par Emmanuel Macron.

– Pour moi, dit le second, la célébrité, c'est d'être invité à l'Élysée par Emmanuel Macron. On discute, tranquille avec lui et Brigitte, et soudain, le téléphone sonne, c'est Trump. Et le président Macron laisse sonner et continue de discuter avec moi !

– Pour moi, dit le troisième, la célébrité, c'est d'être invité à l'Élysée par Macron. On discute, tranquille, et soudain, le téléphone sonne. Le président décroche, écoute et dit : « C'est pour vous. »

FLASH INFO

Malgré les mesures de confinement décidées par le ministère de l'Agriculture, on voit toujours autant de poulets sur les bords de route.

Liberté de la presse

Un journaliste interroge le président Poutine :

– Monsieur le président, on dit que la liberté de la presse est menacée dans votre pays.

– C'est vraiment une honte de dire ça ! Mais au fait, rappelez-moi votre nom…

Vieilles canailles

Chancelant sur leurs jambes, Depardieu et Johnny Hallyday font une halte dans un square. Soudain, Depardieu dit à son Johnny :

– Découvre-toi et salue.

– Qui ça ? demande Johnny.

– Le gars là, qui est représenté en statue.

– Et pourquoi faut-il que je le salue ?

– Regarde sur le socle. C'est Galilée. Il a découvert bien avant nous que la Terre tourne !

Ceci est un communiqué des Républicains

Pour résoudre le problème des retraites, les Républicains proposent d'aligner l'âge du départ en retraite sur l'âge de la mort.

Cocu mais pas content

Un homme rentre à la maison plus tôt que prévu et surprend sa femme en train de faire l'amour avec son amant. Il fulmine :

– Quoi ? Qu'est-ce que ça veut dire ? Qu'est-ce que c'est que ce bordel !

Sans se démonter, sa femme lui répond :

– Au lieu de t'énerver, tu ferais mieux de regarder comment il fait…

Campagne électorale

Juste avant les élections, Emmanuel Macron décide d'aller faire un tour dans la France profonde et de mettre la main à la pâte pour en finir avec toutes les critiques d'élitisme dont il fait l'objet.

Il se présente dans une ferme et dit au fermier :

– Monsieur, donnez-moi quelque chose à faire, je vais vous prouver que les centristes savent travailler de leurs mains.

Le fermier, un peu étonné, lui répond :

– D'accord mon petit, écoute-moi bien, l'ancien banquier, tu vois le tas de fumier là-bas ? Eh ben, tu vas en répandre correctement sur le champ en face et on verra après.

Le champ en question fait plusieurs hectares et le tas de fumier, bien fumant et odorant, plusieurs dizaines de mètres cubes.

Deux heures après, Macron revient et dit au fermier :

– Voilà, j'ai fini, y a-t-il autre chose que je puisse faire ?

Le fermier est sidéré en constatant que le fumier est bien étalé sur tout le champ, pas une bouse ne dépassant de l'autre.

– Euh bon, eh ben trie-moi donc ce tas de betteraves qui est dans la cour, tu mets les grosses d'un côté et les petites de l'autre après on verra.

Le tas de betteraves est aussi haut qu'un immeuble de deux étages.

Le soir venu, il se rend compte qu'il a oublié d'aller voir le centriste. Il va dans la cour et voit deux grosses betteraves d'un côté et deux petites de l'autre.

Macron en tient une dans la main et se demande :

– Celle-ci est moyenne, je la mets à gauche ou à droite ?

– Et alors, maudit parigot, il t'en faut du temps pour trier des betteraves, c'est quoi que tu fous, bon Dieu ?

– Eh bien, vous savez semer la merde et nous, les politiciens, on sait prendre une décision !

DÉSOLÉ FISTON, ON A MORALISÉ LA POLITIQUE, JE NE PEUX PAS T'EMBAUCHÉ COMME ASSISTANT PARLEMENTAIRE !
C'EST NUL TON JOB ! MON POTE, SON PÈRE EST DANS LE PRIVÉ ET IL L'A NOMMÉ DIRECTEUR DE SES USINES !
Ranson

Le saviez-vous ?

Chez un antiquaire, comment reconnaît-on un bureau de ministre ?

Il est marqué « VENDU » dessus !

Il fait quoi ton papa ?

C'est la rentrée des classes, le maître se présente à sa classe et demande aux élèves d'en faire autant, en lui donnant leur prénom ainsi que la profession de leur papa.

Les petits commencent :

– Bonjour, je m'appelle Quentin et mon papa, il est boulanger.

– Bonjour, mon nom est Laurent et mon papa est ingénieur !

Enfin, arrive le tour du petit Kevin :

– Alors moi, c'est Kevin et mon papa est danseur topless dans une boîte homosexuelle sadomaso du marais !

À la fin de la classe, le maître va voir Kevin et lui demande s'il veut en parler. Le petit Kevin lui répond alors :

– Non, ne vous en faites pas, je vous ai menti tout à l'heure, mon papa, c'est François Fillon mais j'avais trop honte de le dire !

Le saviez-vous ?

Le vrai prénom de Jean-François Copé est Andy.

Les informaticiens

Un informaticien meurt et on l'envoie d'office au paradis.

Là-haut, il se met à rechercher ses anciens collègues, déjà partis au ciel, mais pas moyen d'en trouver un seul !

Il va voir Dieu et lui demande où ils sont passés. Dieu consulte les anges, qui l'informent qu'il n'y a pas trace d'informaticien ici…

Le pauvre employé s'ennuyant vraiment trop décide d'aller retrouver ses collègues en enfer, mais oh surprise, le Diable lui apprend qu'il n'y a pas d'informaticien là non plus !

L'employé ne sachant vraiment plus où aller va voir saint Pierre en espérant obtenir une information et lui demande :

– Saint Pierre, désolé de vous déranger mais vraiment c'est très étrange… je cherche mes ex-collègues et ils ne sont ni au paradis ni en enfer ?!

– Hum… c'est très étrange en effet, lui répond saint Pierre, mais que faisais-tu comme métier ?

– Informaticien, répond l'employé.

– Haaaahhh… ! s'esclaffe saint Pierre. Mais il fallait le dire tout de suite ! Ils sont à la machine à café !

Complètement bourré !

C'est un ivrogne, complètement saoul, qui sort du bar. Il parcourt à peine cinq mètres qu'il se cogne à un poteau et tombe par terre. Il se relève, se cogne au même poteau, retombe parterre et cela, six fois de suite…

L'ivrogne, agacé, reste allongé et se dit : « Bon, je vais attendre que tout le monde soit parti. »

Accouchement difficile

C'est une dame qui est sur le point d'accoucher et le médecin arrive dans la maison.

Il s'enferme dans la pièce avec la femme et, au bout de dix minutes, il dit au mari :

– Vous n'avez pas un tournevis ?

Le mari le regarde en tremblant et dit :

– Un tournevis ?

Il lui en donne un et, dix minutes après, le docteur ressort en disant :

– Vous n'auriez pas un marteau ?

Le mari lui donne un marteau. Il est blême. Dix minutes passent, le docteur sort à nouveau et lui dit :

– Et une pince, vous auriez ça ?

Alors le mari lui donne une pince, il tremble de partout... Et encore une fois, au bout de dix minutes, le docteur ressort et lui dit :

– Écoutez ! Le mieux, c'est que vous appeliez un autre médecin, je n'arrive pas à ouvrir ma trousse !

Faites entrer l'accuser, une fois !

On soupçonne un Belge d'être l'auteur d'un viol. Les policiers demandent au Belge de se tenir debout contre le mur, avec les autres suspects, afin que la victime puisse procéder à une éventuelle identification.

Dès que la victime entre dans la pièce où tous les suspects sont alignés contre le mur, le Belge s'écrie : « C'est elle ! »

Radio Gaga

Une dame vient d'acheter la toute nouvelle Cadillac. La voiture, un modèle « toutes options », lui a coûté un bon paquet de dollars.

Deux jours plus tard, elle ramène sa limousine chez le concessionnaire, se plaignant que la radio ne fonctionne pas.

– Madame, lui dit le vendeur, le système audio de cette voiture est complètement automatique. Tout que vous devez faire est d'exprimer à haute et intelligible voix quels sont vos goûts musicaux.

La dame regarde le vendeur, stupéfaite et incrédule. Elle s'adresse à la radio et énonce distinctement « Elvis Presley ». La radio se met alors automatiquement en marche et commence à diffuser « Jailhouse Rock ».

Sans attendre la fin du morceau, elle prononce « Ludwig von Beethoven, la cinquième symphonie » et aussitôt les premières mesures du chef-d'œuvre retentissent ! Conquise par ce miracle de la technologie, la dame remonte en voiture et rentre chez elle. En sortant de la ville, elle doit s'arrêter à un croisement.

Soudain, alors qu'elle redémarre car son feu vient de passer au vert, elle est obligée de piler net en plein carrefour pour éviter un type qui vient visiblement de griller le feu.

Sous le coup de la colère, elle hurle « ESPÈCE DE CONNARD ! »

Et, aussitôt à la radio, on entend : « Mesdames et messieurs, vous allez à présent entendre une allocution du président des États-Unis d'Amérique, Donald Trump. »

Pardonnez-moi car j'ai péché

Pourquoi le pape François va-t-il rester cinq jours en visite en France ?

Pour laisser à François Fillon le temps de terminer sa confession.

Kippour

Toufik est en bas de l'immeuble où habite son copain David. Il crie en direction de sa fenêtre :

– Daviiid ! Daviiid !

Alors la mère de David vient répondre :

– Bonjour Toufik, qu'est-ce que tu veux à David ?

– Je veux le voir, il me doit 50 euros !

– Ok, mais c'est Kippour !

– Ben… c'est pour ouam !

La République

Un fils demande à son père :

– Papa, c'est quoi la République ?

– Prenons par exemple notre foyer : moi, j'ai un salaire, je serais le capitalisme ; ta mère serait le gouvernement ; toi, tu serais le peuple ; la bonne serait la classe ouvrière et ta petite sœur qui n'a qu'un an, le futur.

– Oui, papa, je crois que j'ai compris, je te le dirai demain.

Le soir, il est réveillé par les cris de sa petite sœur et il voit qu'elle a fait dans sa couche. Il va dans la chambre de ses parents et il voit sa mère qui dort profondément. Il regarde par le trou de la serrure de la bonne et il voit son père qui se tape la bonne.

Et le lendemain :

– Papa, je crois que j'ai compris : pendant que le capitalisme se tape la classe ouvrière, le gouvernement est profondément endormi, le peuple est complètement ignoré et le futur est bien dans la merde.

Les sous-marins

Deux sous-marins font surface au large de la Crimée. L'un russe et l'autre américain. Les deux capitaines sortent de leur sous-marin respectif et engagent la conversation.

Le Russe dit :

– Ah, ça fait du bien de respirer un peu l'air frais après une année en plongée. Nous les Russes, nous faisons décidément de bons sous-marins.

L'Américain répond :

– Ce n'est rien. Nous venons de faire surface alors que cela faisait deux ans que nous étions en plongée !

Et à ce moment-là, un troisième sous-marin fait surface. Son commandant sort sur la passerelle et dit :

– Heil Hitler ! Y a-t-il un endroit pour refaire le plein par ici ?

Leçon de vocabulaire

Un jeune garçon demande à son père :

– Papa, c'est quoi un oxymore ?

– C'est associer deux termes qui s'opposent par nature comme « logique féminine ».

Touché-coulé

Quelle est la différence entre le XV de France de rugby et le *Titanic* ?

Le *Titanic* a mis deux heures à couler alors que le XV de France n'a besoin que d'une mi-temps.

La menace

Une femme en colère dit à son mari :

– Simon, je te préviens, si tu continues à passer tes nuits à jouer au poker avec tes copains, je prends un amant !

– D'accord, chérie, répond l'homme, tant que tu ne le choisis pas parmi mes partenaires de jeux !

Sacrée Tonton !

Nous sommes au temps de la présidence de François Mitterrand. Helmut Kohl, le chancelier allemand, dîne ce soir-là au domicile des Mitterrand.

La soirée s'éternise un peu. Helmut Kohl, dont le programme du lendemain est très chargé, souhaite quitter tôt la table. Alors que Mme Mitterrand est affairée à la cuisine, Helmut se lève et dit à François :

– J'aimerais faire mes adieux à votre épouse, cher François.

Et Mitterrand lui répond :

– Si vous saviez à quel point j'aimerais pouvoir faire la même chose !

Une bonne secrétaire

Une secrétaire dit à son patron :

– Monsieur, un homme est passé tout à l'heure et désirait vous voir. Il voulait vous casser la figure.

– Oh ! Mon Dieu ! Et que lui avez-vous répondu ?

– Que j'étais désolée que vous ne soyez pas là.

BON, J'AI RÉCUPÉRÉ LE MEC CHEZ JUPPÉ MAIS J'AURAIS DÛ AUSSI ALLER PIQUER LES TALONNETTES CHEZ SARKOZY.
Ranson

Quel cauchemar !

Deux amis se rencontrent :

– La vérité, j'ai fait un cauchemar affreux cette nuit ! Angelina Jolie, Nabilla, Shakira et ma femme Déborah se battaient pour pouvoir coucher avec moi !

– C'est ce que tu appelles un cauchemar ?

– Oui, parce que c'est ma femme qui gagnait !

Super-héros

Qui est le super-héros qui vole avec sa cape ?

C'est Batman.

Qui est le super-héros qui fait des toiles d'araignée ?

C'est Spiderman.

Et celui qui fait peur à Marine Le Pen ?

C'est Musulman.

Information scientifique

La muqueuse intestinale se renouvelle en 5 jours, les globules rouges en 12 jours, les os en 10 ans et les invités des émissions d'Arthur jamais.

Heureux événement

Deux gays discutent à la terrasse d'un café du Marais et l'un dit à l'autre :

– Ma sœur est enceinte de sept mois, elle va bientôt avoir son bébé !

– Ah oui ! dit l'autre.

– Eh oui, j'ai hâte de voir si je vais être un oncle ou une tante.

Le coup de la panne

Un homme confie à un ami :

– Hier soir, j'ai fait le coup de la panne à ma copine.

– Super ! répond l'autre. Ça a dû être torride.

– Bof, on était au lit.

L'astrologue

Au Moyen Âge, un astrologue prédit la mort prochaine de la favorite du roi. Effectivement, elle meurt peu après. Très impressionné, le roi soupçonne cependant l'astrologue de l'avoir aidée à mourir. Il l'appelle et lui demande :

– Dis-moi donc quand toi tu vas mourir ?

L'astrologue se méfie :

– Je ne sais pas quand je vais mourir, répond-il, je sais seulement que mon roi mourra trois jours après moi.

La vérité !!!!

Dans la rue, deux amis se disputent :

– Ma parole, Yvan ! Je t'assure, le noir ce n'est pas une couleur !

– Sur ma vie, Simon, je te le dis, le noir c'est une couleur !

– Non, non, non ! Ce n'est pas possible ! Noir, c'est noir ! Ce n'est pas une couleur !

– Aïe, aïe, aïe ! Mais tu veux ma mort ou quoi ? Tu m'agaces ! Puisque je te dis que le noir c'est une couleur !

– Non, le noir c'est noir, ce n'est pas une couleur !

– Écoute Simon, on va voir le rabbi. Lui, il saura !

– D'accord Yvan. Mais le noir, ce n'est pas une couleur.

Et les deux amis vont voir le rabbin.

– Rabbi, rabbi ! Dis-lui à Simon que le noir c'est une couleur !

– Aïe ! La vérité que ce n'est pas une couleur, Yvan ! Pas vrai, rabbi ?

– Ma parole ! hurle le rabbin. Taisez-vous ! Le noir c'est une couleur ? Le noir… Une couleur… Eh oui ! Eh ! Le noir c'est une couleur !

Yvan et Simon repartent.

– Tu vois, Yvan, le noir c'est une couleur.

– Eh oui ! D'accord, le noir c'est une couleur… Mais le blanc, alors là, c'est sûr, c'est pas une couleur !

– Aïe, Simon ! Mais bien sûr que si, que le blanc c'est une couleur ! Ah non, sur la vie de ma mère, le blanc ce n'est pas une couleur, c'est juste blanc !

– Viens, Simon, on retourne voir le rabbin.

– Rabbi, rabbi ! Dis-le à Simon que le blanc c'est une couleur !

– Rabbi ! Hein que le blanc c'est pas une couleur, pas vrai ?

– Ma parole mes enfants ! Le blanc… Le blanc… Eh oui ! Le blanc c'est une couleur.

– Eh oui, Yvan, tu avais raison, le blanc c'est une couleur.

– Alors tu vois, Simon, que la télé en noir et blanc que je t'ai vendue, c'est une télé couleurs ! La vérité !

Le grand retour

Dans une cité de banlieue, un prêtre demande à un jeune gamin qui joue sur le trottoir :

– Dis-moi petit, sais-tu où je peux trouver la gardienne ?

– Bâtiment C, au rez-de-chaussée à gauche, monsieur.

– Ne m'appelle pas monsieur, mais « mon père ».

– Ben ça alors ! C'est chanmé ! s'exclame le petit. C'est maman qui va être surprise. Elle disait que tu ne reviendrais jamais à la maison !

Ceci est un communiqué de la Sécurité routière

Si vous voyagez prochainement, soyez attentifs. Le gouvernement vient de décider qu'au 1er janvier 2018, sur tout le territoire, les automobiles devront rouler à gauche et non plus à droite.

Si l'expérience est concluante, à partir du 1er février la mesure sera adoptée pour les camions.

Dracula au paradis

Dracula vient de mourir. Il monte au ciel et se retrouve devant Dieu qui lui dit dans toute sa bonté :

– Je ne peux pas te laisser entrer au paradis en raison de tous les péchés et meurtres que tu as commis en buvant le sang de tes victimes. Mais je vais te laisser une autre chance pour ta rédemption : tu repartiras sur terre et tu seras réincarné en ce que tu désires.

– Je veux être réincarné en quelque chose qui boit du sang !

– Qu'il en soit ainsi !

Dieu transforme Dracula en chauve-souris vampire, qui revient aussitôt sur terre. Or, posé sur un arbre, il se fait immédiatement abattre par un chasseur et se retrouve à nouveau devant Dieu, qui lui dit :

– Tu n'as pas eu le temps de t'amender. Je te permets de réessayer. En quoi veux-tu être réincarné ?

– En quelque chose qui boit du sang !

– Qu'il en soit ainsi !

Et Dracula se retrouve transformé en moustique. Il atterrit sur une table d'une aire d'autoroute, mais se fait écrabouiller par la main vigoureuse d'un camionneur. Une fois de plus, Dracula se présente devant Dieu, qui lui dit :

– Je te laisse une dernière réincarnation. Si tu échoues, tu finiras en enfer ! En quoi désires-tu être réincarné ?

– Je veux être réincarné en quelque chose qui boit du sang !

– Décidément… Tu es incorrigible !

Et Dieu transforme Dracula en serviette hygiénique…

J'AI SOUTENU LE CLONE DE THATCHER : FILLON.
MOI, J'AI VOTÉ POUR L'ERSATZ DE LE PEN, SA FILLE.
MOI, POUR L'HOLOGRAMME DE MÉLENCHON.
FINALEMENT C'EST L'AVATAR DE HOLLANDE QUI A ÉTÉ ÉLU.
Ranson

Le chasseur de têtes

Un chasseur de têtes demande à un homme qui cherche un emploi :

– Voici un dessin qui représente une mer. Trois hommes nagent. Un requin s'approche d'eux et les menace. L'un des nageurs évolue en toute confiance, totalement désarmé. Le deuxième tient un grand couteau et est prêt à défendre chèrement sa vie. Le troisième a pris la précaution d'emporter un fusil lance harpons. À quel personnage de ce dessin vous identifiez-vous ?

– Heu… Au troisième homme.

– Dommage ! Ce que nous cherchons ce sont des requins.

Kika Niké ?

Un homme se plaint à son meilleur ami :

– Hier, j'ai trouvé ma femme au lit avec un Japonais.

– Oh merde ! Qu'est-ce que t'as dit ?

– Bah, rien ! Je ne parle pas le japonais.

Extrême droite

Un professeur de mathématiques demande :

– Donnez-moi le nom de l'extrémité de la droite ?

Toto lève alors le bras et répond :

– Le Front national, monsieur !

Le point commun

Quel est le point commun entre le paradis et le vagin ?

Pour y entrer, il faut être raide.

Solide comme un chêne !

C'est un brave paysan qui a des problèmes de santé. Il consulte un médecin qui l'examine des pieds à la tête.

– Écoutez mon brave, dit le médecin, vous n'avez absolument rien. Et je peux même vous dire que vous êtes solide comme un chêne !

Alors, le brave paysan, ajoute :

– Justement, docteur, c'est le gland qui ne va pas !

Mère juive

Le jour de sa première rentrée des classes, Mme Cohen dit à son jeune fils :

– Bonne chance, mon petit loukoum d'amour. Sois sage, mon petit loukoum d'amour. Travaille bien, mon petit loukoum d'amour et rappelle-toi que ta maman t'aime très fort, mon petit loukoum d'amour.

En fin d'après-midi, de retour de l'école, la mère demande à son fils :

– Alors, mon petit loukoum d'amour, qu'est-ce que tu as appris à l'école ?

– Pour commencer, j'ai appris que mon prénom était Jérémy.

Épreuves du BAC 2018

Mathématiques :

Sachant que DSK doit 5 millions de dollars pour avoir commis une tentative de viol.

Combien va devoir Hollande après avoir baisé 65 millions de Français ? Vous avez quatre heures.

11e commandement

Au moment de son supplice, Jésus regarde le ciel et s'adresse à Dieu :

– Papa, tu ne veux pas rajouter un 11e commandement ?

– Du style ? répond Dieu.

– Je sais pas, répond Jésus. Genre, tu ne cloueras pas ton prochain.

Secret d'État

Que risque-t-on à traiter Donald Trump d'andouille ?

Cinq ans de prison pour divulgation de secret d'État.

La différence

Quelle est la différence entre Donald Trump et un TGV ?

Le TGV s'arrête quand il déraille.

Un super cocktail

Deux hommes sont mécaniciens aéronautiques. Un jour de grève, ils sont seuls dans un hangar et n'ont rien à faire. Le premier dit au deuxième :

– Je boirais bien un verre !

– Moi aussi, répond le deuxième. J'ai entendu dire que si on ajoutait un tout petit peu de kérosène, on obtenait un cocktail très bon. On essaie ?

Après s'être servi quelques verres de ce curieux mélange, ils sont ivres morts et passent une très bonne soirée.

Le lendemain, un des deux appelle son collègue.

– Salut, je suis en super forme, et toi ?

– Super !

– C'est incroyable, je n'ai même pas la gueule de bois ! Il faut absolument qu'on remette ça !

– Oui, mais euh, juste un truc… t'as pété depuis que tu t'es réveillé ?

– Euh non, pas encore, pourquoi ?

– Eh bien évite, parce que là, je suis à Madrid !

Superstitieux

Le candidat à un nouveau poste dans une entreprise ajoute timidement après l'entretien avec le chef du personnel :

– Je dois vous avouer une petite chose, monsieur, je suis un peu superstitieux !

– Qu'à cela ne tienne, mon cher, répond le chef du personnel. Nous vous supprimerons simplement votre treizième mois !

Au bar tabac

Une jeune fille vient de décrocher un emploi de serveuse dans un bar tabac. Le patron lui explique :

– Bon, ma petite, aujourd'hui, tu vas t'occuper du tabac. Si tu as un problème, tu n'hésites pas à m'appeler.

La jeune fille rejoint son guichet. La matinée se passe tranquillement, en début d'après-midi, un client arrive pose 7 euros sur le comptoir, met ses deux pouces sur les tempes et remue les doigts, sans adresser un mot à la jeune vendeuse. Comme elle ne le comprend pas, elle appelle le patron qui lui dit :

– Ne t'inquiète pas, c'est un habitué, il est sourd-muet et te demande un paquet de Gauloises.

La vendeuse lui donne ses cigarettes et le client s'en va. Le reste de la journée est tranquille jusqu'à ce que le même client revienne et pose à nouveau de l'argent sur le comptoir. Cette fois-ci, il met ses pouces sur les tempes, remue les doigts, puis il se gratte le sexe avant de mimer une masturbation. Très gênée, la fille va voir son patron. Celui-ci éclate de rire et lui dit :

– Cette fois-ci, il veut un paquet de Gauloises, un Morpion et un Solitaire.

Extrait de la Bible

Dieu créa l'univers et il se reposa.

Dieu créa l'homme et il se reposa.

Puis Dieu créa la femme… et il ne se reposa plus jamais.

Histoire à tomber par terre

Un fermier se retrouve à l'hôpital avec une jambe cassée. L'interne de garde lui demande :

– Comment est-ce arrivé ?

Le fermier commence :

– Eh bien, c'était il y a vingt-cinq ans…

L'interne l'interrompt :

– Ne me racontez pas votre vie : dites-moi simplement comment vous vous êtes cassé la jambe ce matin !

Le fermier répond :

– Comme je vous le disais, il y a vingt-cinq ans, je travaillais comme journalier dans une ferme de la région. C'était ma première nuit sur place. Je venais juste de me coucher, quand la fille du fermier est entrée dans ma chambre. Elle m'a demandé si je n'avais besoin de rien, je lui ai répondu : « Non non, tout va bien ». Puis elle a encore demandé « Vous êtes vraiment sûr qu'il n'y a rien que je puisse faire pour vous ? », et là je lui ai répondu : « Non, non, je vous remercie ».

L'interne reprend la parole et demande :

– Mais je ne vois pas très bien ce que cette histoire a à voir avec votre jambe ?

Et le fermier répond :

– Ben, c'est que ce matin, alors que je réparais mon toit, j'ai finalement compris ce qu'elle avait voulu dire… et je suis tombé par terre !

Dans le prochain Closer

François Hollande rentre en scooter lorsqu'il croise une jeune femme superbe qui lui dit :

– Viens chez moi, pour 10 euros, tu passeras une nuit inoubliable !

Sans hésitation, l'ex-président suit la jeune femme chez elle, et au petit matin, après avoir vécu une nuit torride, il lui donne ses 10 euros et lui demande :

– Comment fais-tu pour vivre avec des tarifs aussi bas ? Pour 10 euros, on n'a plus rien.

– Oui, je sais, répond la fille en souriant, mais j'arrondis mes fins de mois en faisant du chantage.

Le big deal

Le Diable dit à Donald Trump :

– Je vais faire de toi le plus grand magna de l'immobilier du monde. Tu gagneras tous les ans plus d'argent que Bill Gates et le sultan de Brunei réunis ! Tu deviendras même un jour, le président des États-Unis ! En échange, je prendrai les âmes de ta femme et de tes enfants, qui passeront l'éternité en enfer avec moi.

Donald Trump lui répond :

– Ça a l'air bien, mais où est le piège ?

Au poêle

Quelle est la différence entre une main de femme et une poêle à frire ?

Quand on met une saucisse dans une poêle, elle rétrécit.

PENDANT CE TEMPS, AU PARADIS D'ALLAH...
DES ENFANTS! DES INNOCENTS!
ET TU VAS LE JUSTIFIER COMMENT, CET ATTENTAT?!
HÉ HO! JE SUIS KAMIKAZE, MOI! PAS THÉOLOGIEN!
Ranson

Les joies de l'économie

Un patron du CAC40 décède. Il arrive devant saint Pierre qui lui dit :

– Vous avez créé des milliers d'emplois, participé au rayonnement d'un pays, vous avez donné à des associations caritatives, donc je vous accorde le droit d'entrer au paradis.

Le patron remercie saint Pierre et se dirige vers les portes du paradis. Les portes s'ouvrent devant lui et le patron constate avec stupéfaction que des hommes sont en train de se faire fouetter, brûler vif, et subir d'autres formes de torture. Il retourne alors voir saint Pierre et lui dit :

– Mais je ne comprends pas, je croyais qu'on était au paradis ??

– Ah, j'avais oublié de vous prévenir, nous avons fusionné !

Un nouveau bébé !

Un couple d'âge mûr qui avait déjà trois fillettes blondes superbes décide d'essayer une dernière fois de faire le fils qu'il a toujours ardemment désiré.

Après des mois de vaines tentatives, la femme tombe finalement enceinte et, évidemment, neuf mois plus tard, naît un petit garçon très bien portant.

Plein de joie, le père se rue à la maternité mais s'arrête horrifié devant le nourrisson le plus laid qu'il ait jamais vu.

Furieux, il va retrouver sa femme qui se repose à côté et lui hurle :

– Regarde les trois filles que je t'ai données, elles sont superbes. Ce n'est pas possible ! Tu m'as trompé pour avoir un bébé aussi vilain ! Avoue !

– Non, répond la femme, pas cette fois.

École de commerce

Dans un hypermarché, le directeur entend un de ses jeunes vendeurs parler à un client :

– Alors, monsieur, pour aller pêcher, il vous faut une canne à pêche comme celle-ci et vous avez absolument besoin d'appâts. Bon, vous n'irez pas à la pêche avec votre costume de ville, voici la panoplie du parfait pécheur et, très important, une partie de pêche ça peut être long alors je ne saurais trop vous conseiller ce très joli siège. Il vous faut mieux que ça, monsieur, il vous faut un bateau, regardez ce merveilleux bateau de vingt mètres, puis pour transporter votre bateau, il vous faut une bonne voiture… une Mercedes !!! Regardez ce nouveau 4x4 dernier cri…

Après quelques minutes, le client lui fait un chèque d'un montant mirobolant.

Le directeur s'approche de son vendeur :

– Eh bien, bravo, cet homme était venu juste pour une canne à pêche et il est reparti avec tout ça, vraiment bravo petit !

– Non, en fait, il n'était pas venu pour pêcher mais pour acheter des tampons pour sa femme et là, je lui ai dit que puisqu'il allait s'ennuyer tout le week-end, il devrait aller pêcher…

Mère goy ou mère juive ?

Quelle est la différence entre une mère goy et une mère juive dans la façon de faire manger son enfant ?

La mère goy dit :

– Mange ou je te tue !

La mère juive dit :

– Mange ou je me tue !

Le point commun

Quel est le point commun entre une fille et un café ?

Au début ça excite et après ça énerve !

Il ne pense qu'à ça !

DSK va chez le psychanalyste.

Le psychanalyste lui fait un test de Rorschach ; il montre au patient un cercle avec un point à l'intérieur et demande :

– Que voyez-vous ?

DSK répond :

– Deux personnes en train de faire l'amour au milieu d'une pièce circulaire.

Le psychanalyste montre au patient un autre dessin qui est un carré avec un point à l'intérieur :

– Que voyez-vous ?

– Deux personnes en train de faire l'amour au milieu d'une pièce carrée.

Le psychanalyste montre au patient un autre dessin qui est un triangle avec un point à l'intérieur :

– Que voyez-vous maintenant ?

Alors, DSK interroge :

– Docteur, vous ne seriez pas un peu pervers ?!

Docteur

Un jeune juif annonce à sa mère qu'il veut devenir docteur en philosophie.

– C'est très bien, mon fils ! Je suis tellement fière de toi ! Quand je vais annoncer ça aux copines, elles vont être vertes de rage ! Mais, dis-moi mon fils, qu'est-ce que c'est comme maladie la philosophie ?

Parents mode d'emploi

Deux parents discutent :

– Écoute, je crois que notre fille fume…

– Oh non ! Mais qu'est-ce qui te fait dire ça ?

– Je l'ai vu sur son portable ; son copain lui a envoyé : « Merci pour la pipe ! »

Les femmes et les enfants d'abord

Pourquoi dit-on « les femmes et les enfants d'abord » lors d'un naufrage ?

Pour pouvoir réfléchir à une solution en paix.

Les citations les plus drôles

– « Les politiciens, il y en a, pour briller en société, ils mangeraient du cirage. »

Coluche

Reconversion

Pourquoi François Fillon ne pourra pas se reconvertir comme pilote de course professionnelle ?

Parce que, comme à la présidentielle, il s'arrêtera au premier tour.

État d'urgence

Un policier interpelle un homme dans la rue :

– Stop monsieur ! Où allez-vous ?

– À la…

– Il a dit Allah, hurle le policier. Ouvrez le feu !!!

Mise en examen

Un journaliste interroge François Fillon :

– Que pensez-vous de la mise en examen de votre épouse ?

– Sa mise en examen ? demande Fillon. Je ne savais pas que Penelope avait repris ses études. De toute façon, elle a tellement de temps libre.

Le point commun

Quel est le point commun entre Nagui et Marion Maréchal-Le Pen ?

Tous les deux ont les tares à tata.

Réussite

Trois anciens amis se rencontrent :

– Qu'est-ce que tu deviens maintenant ?

– Moi, j'ai repris la petite épicerie de mon père. Je l'ai développée et ça ne marche pas trop mal. Bon, ce n'est pas encore Auchan, mais c'est quand même une belle épicerie.

– Moi, dit le second, j'ai repris le petit restaurant de mon père. Je l'ai développé et j'en suis très content. Bon, ce n'est pas encore chez Bocuse, mais c'est un bon restaurant.

– Eh bien moi, fait le troisième, vous vous rappelez que mon père était maquereau et qu'il faisait travailler plusieurs filles sur le trottoir à Pigalle. Eh bien, j'ai repris l'affaire et je l'ai développée. Bon, ce n'est pas encore parti socialiste, mais c'est un beau bordel quand même !

Qui conduit ?

Jérôme Cahuzac, François Fillon et Bernard Tapie sont dans une voiture. Qui conduit ?

Un policier.

La honte !

François Fillon fait la morale à son jeune fils :

– À 10 ans, j'aurais eu honte de mentir comme ça !

– Ah oui, répond l'enfant, et à quel âge as-tu cessé d'avoir honte ?

Carrières

Quatre mères juives papotent autour d'une tasse de thé et de pâtisseries :

– Moi, mon fils est neurochirurgien dans l'hôpital Cedars-Sinai de Los Angeles, dit fièrement la première femme.

– Moi, mon fils dirige la plus grande firme d'avocats d'Europe, ajoute la deuxième.

– Moi, mon fils dirige le département de recherche nucléaire du CNRS, dit la troisième.

– Moi, mon fils est rabbin, dit la dernière.

– Rabbin ! s'exclame les trois autres. Mais ce n'est pas une carrière pour un homme juif !

A voté !

Le soir du premier tour de la présidentielle, François Fillon réuni ses soutiens et leur raconte :

– Ce midi, juste après que j'ai voté, une femme est entrée dans le bureau de vote et a demandé au président : « Vous pourriez ouvrir l'urne et me redonner mon bulletin ? Avant de le mettre dans l'enveloppe, j'ai complètement oublié de le signer ! »

Tout le monde rit de cette histoire, sauf Nadine Morano qui devient toute pâle et bredouille :

– Mais ce n'est pas drôle. Imagine-toi que, moi aussi, j'ai oublié de le signer mon bulletin !

MAIS ÇA NE SERT À RIEN DE SAUVER LA PLANÈTE ! D'ICI LA FIN DE MON MANDAT J'AURAI DÉCLENCHÉ UNE GUERRE NUCLÉAIRE !
Ranson

Touyou

– C'est quoi ce vacarme chez les voisins ? demande un homme à sa femme blonde.

– C'est un anniversaire, je crois.

– Anniversaire ? Mais de qui ?

– De Touyou, je crois.

– Comment le sais-tu ?

– C'est facile, répond la blonde, je les entends chanter « Happy Birthday Touyou » !

Écran noir

– Maman, quand est-ce que commence le film ? demande un jeune enfant.

– Qu'est-ce ça peut te faire ? demande la mère. Tu es aveugle.

Raciste !

Un petit garçon demande à sa mère :

– Maman, c'est quoi le racisme ?

– Le racisme c'est très mal mon enfant… mais range ton téléphone, il y a un arabe derrière toi !

C'est du Jolie !

Désirant divorcer au plus vite de Brad Pitt, Angelina Jolie demande conseil à son avocat. Ce dernier, d'origine écossaise, lui suggère de se rendre en Écosse, dans un tout petit village dont la spécialité est le divorce éclair.

L'arrivée de la star hollywoodienne ne passe pas inaperçue ; tout le village se retrouve au tribunal pour assister à la scène.

Le juge, s'exprimant dans un dialecte régional écossais, pose des questions à la future divorcée qui, ne comprenant pas un traître mot de ce qu'on lui demande, se contente de répondre « *yes* » à chaque question.

Soudain, la foule se met à applaudir.

Bon, dit Angelina à son avocat, je pense que je suis divorcée ?

Divorcée, heu non, répond son avocat en transpirant. En fait, je crois que vous venez d'épouser le juge.

à MÉDITER

Les enfants, c'est comme les chèques. Ça ne m'ennuie pas de les faire. Ce qui m'ennuie, c'est de les reconnaître.

La hache de guerre

Deux femmes discutent dans une maison de retraite.

– Avec mon mari Marcel, on s'est disputé pendant quarante ans avant d'arrêter.

– Ah, c'est bien ! Vous avez enterré la hache de guerre ?

– Non ! Mon mari.

Le petit oiseau

À l'oral du bac, un candidat passe une épreuve de sciences naturelles. L'examinateur plonge la main dans son sac, en sort un petit oiseau dont il montre la queue au candidat.

– Quel est le nom de cet oiseau ?

– Euh… je n'en ai aucune idée !

– Je vais vous donner une seconde chance, dit l'examinateur. Il plonge à nouveau la main dans son sac et en ressort un autre petit oiseau, dont il montre une fois encore la queue au candidat. Et celui-ci quel est son nom ?

– Euh, je ne vois toujours pas.

– Je suis désolé jeune homme, mais je suis obligé de vous mettre un zéro. Quel est votre nom ?

Le candidat se lève, ouvre sa braguette et dit :

– Devinez !

La cité du cinéma

Un homme veut se lancer dans la réalisation de films de cinéma. Il a écrit un scénario très réussi, il se sent très sûr de lui, il va le présenter à Luc Besson.

Le producteur prend le scénario et lui dit de revenir la semaine suivante. Ce qu'il fait. Lorsqu'ils se rencontrent à nouveau, le producteur lui dit :

– J'ai deux nouvelles pour vous. Une bonne et une mauvaise. La bonne c'est que Universal a adoré votre scénario. La mauvaise c'est que Universal, c'est mon chien.

Pire que DSK

Un petit vieux rend visite à son médecin de famille. Le docteur lui demande :

– Alors M. Lucien, toujours la forme ?

– Oh, ces derniers temps, je suis un peu fatigué. Faut dire que le lundi et le mercredi, je vais voir ma maîtresse qui habite à 30 kilomètres. Le mardi et le jeudi, je rends visite à ma seconde maîtresse qui habite à 40 kilomètres. Et je passe tous les week-ends chez ma troisième maîtresse qui vit à 70 kilomètres de chez moi !

Le médecin est abasourdi et le petit vieux ajoute :

– Vous comprenez, je ne suis plus tout jeune ! C'est un peu logique que je fatigue, non ?

– Effectivement à votre âge, toutes ces maîtresses ! Mais comment faites-vous ?

– Ah, mais j'ai un vélo !

Somnifère

Une femme se rend chez son médecin :

– Docteur, je souffre d'insomnie, et les médicaments que vous m'avez prescrits sont inefficaces jusqu'à présent.

– Ça tombe bien, madame, un nouveau suppositoire vient de sortir et il est extrêmement efficace.

– Écoutez, docteur, vous me dites ça systématiquement, qu'est-ce qui me prouve que ce sera efficace cette fois-ci ?

– Croyez-moi. Je l'ai moi-même testé cette nuit et lorsque je me suis réveillé, j'avais encore le doigt dans le cul.

Devinette

De quoi a besoin un éléphant qui a la diarrhée ?

De beaucoup d'espace.

Le point commun

Quel est le point commun entre un homme et les États-Unis durant les quatre prochaines années ?

Ils sont tous les deux gouvernés par un gland.

Scoop politique

Déclaration de DSK : je reviendrai en politique quand il y aura un sextennat.

Extrait de la Bible selon Saint-Tropez

Jésus est tranquillement en train de marcher sur l'eau lorsque saint Pierre arrive sur la plage, se met en maillot de bain et commence à nager.

Saint Pierre dit à jésus :

– Tu es vraiment trop bête, elle est super bonne.

Danse avec les rabbins

À Jérusalem, un couple se prépare à être converti par un rabbin orthodoxe. Ils se retrouvent pour la dernière réunion préparatoire.

Le rabbin leur demande s'ils ont des questions à poser. Le mari en a une :

– Est-il vrai rabbin, que les hommes et les femmes ne peuvent pas danser ensemble ?

– Oui, c'est tout à fait vrai : pour des raisons de décence, les hommes et les femmes doivent danser séparément !

– Ça veut dire que je ne pourrai plus danser avec ma femme ?

– C'est cela, plus jamais !

– Hum. Et qu'en est-il des relations sexuelles, rabbin ?

– Pas de problème, du moment que ça reste dans le cadre du mariage.

– On ne dit rien sur les différentes habitudes sexuelles ? Sur les positions par exemple ?

– Non rien de spécial…

– Pas de problème pour la position du missionnaire ?

– Non.

– Ni pour la levrette ?

– Non plus…

– Et en position debout ?

– Ah ça NON ! s'insurge le rabbin. Ça pourrait conduire à la danse !

Coup de chance

Au beau milieu de l'Atlantique Nord, un chalutier vient de faire naufrage.

Dérivant à bord de leur canot de sauvetage, les marins commencent à souffrir de froid, de faim et de soif, lorsqu'un gigantesque paquebot les repère enfin.

Le commandant du paquebot dit à son équipage :

– Faites vite, montez ces naufragés à bord et donnez-leur à boire, à manger et de quoi se réchauffer.

Quand les pêcheurs sont à bord du paquebot, le commandant les accueille :

– Vous avez de la chance que notre bateau soit passé par-là, je vous souhaite la bienvenue à bord du *Titanic*.

Le lac Tibériade

Un Corse visite Israël. Arrivé sur les bords du lac Tibériade, il souhaite louer une barque.

– C'est 200 dollars, dit le loueur, pour une demi-heure.

– Quoi ! Mais ça va pas ! s'énerve le Corse. Chez moi, pour 20 dollars, vous louez un bateau qui vous emmène faire le tour complet de l'île !

– D'accord avec vous, répond le loueur. Mais, c'est ici que Jésus a traversé à pied !

– Vu les tarifs que vous pratiquez, répond le Corse, ça ne m'étonne pas !

Succès d'édition

François Fillon entre chez un libraire et lui dit :

– Je voudrais le livre qui se trouve en vitrine *Comment réussir dans la politique*.

Le libraire s'éloigne. Il revient avec deux volumes.

– J'en veux juste un, répond Fillon.

– Je le sais, dit le libraire, l'autre, c'est le Code pénal. Je le vends toujours avec.

Manque de tact

Quelques minutes avant de procéder à la crémation, l'employé des pompes funèbres vient s'asseoir à côté de la veuve en pleurs et lui demande :

– Quel âge avait votre mari ?

– Il avait 91 ans, répond la femme d'une voix faible, un an de plus que moi…

– Vraiment ? s'étonne le croque-mort. Pour un peu, ça ne vaudrait pas le coup de rentrer à la maison, hein ?

Mon handicap ?

Lors d'une soirée très huppée dans le country club d'un golf très haut de gamme, un homme danse avec une ravissante jeune femme. Il lui dit fièrement :

– Mademoiselle, à votre avis, quel est mon handicap ?

– Votre haleine…

Ça a capoté

Un homme téléphone à son médecin de famille en hurlant hystériquement :

– Au secours ! Aidez-nous, docteur. Ma femme vient d'avaler un préservatif.

– Ne vous inquiétez pas. Venez me voir au cabinet. Je vous recevrai le plus vite possible.

Cinq minutes plus tard, le téléphone sonne à nouveau chez le même médecin.

Au bout du fil, l'homme, qui s'est calmé :

– Tout est arrangé, docteur. Je viens d'en trouver un autre.

FLASH INFO

Daesh n'a plus d'argent et doit réduire le salaire de ses djihadistes.

Ils n'auront plus droit qu'à 35 vierges et demie.

Le Pirée à venir

De retour d'une croisière le long des côtes grecques, une femme dit à une amie blonde :

– J'ai mouillé devant Le Pirée.

– Ah ! répond la blonde. Toi aussi, tu l'avais pris pour un homme !

Une blague pour Anne Hidalgo

Une voiture diesel demande à une voiture électrique :

– Ça fait longtemps que vous avez arrêté de fumer ?

NON, ÇA NE LES INTÉRESSE PAS DE RENCONTRER NOS DIRIGEANTS, ILS SONT JUSTE LÀ POUR ATTRAPER DES POKEMON RARES.
Ranson

Livre de poche

Quels sont les quatre plus petits livres du monde ?

– *Un siècle d'humour allemand.*

– *La Liste des héros italiens.*

– *Le Livre des recettes de cuisine somalienne.*

– *La Charte* éthique des Républicains.

Le papa ou la maman ?

Accusé de fraude et jugé coupable, un comptable est envoyé en prison. On le place dans la cellule d'une montagne de muscles… Comme c'est la première fois qu'il fait de la prison, il demande à son colocataire :

– Qu'est-ce qu'on fait pour tuer le temps ici ?

– On joue à des jeux.

– Quel genre de jeux ?

– On joue au papa et à la maman : lequel des deux tu veux être ?

Le comptable réalise qu'il est dans la merde et il se dit « je crois que je préfère mettre plutôt qu'être mis » et il dit :

– Je veux être le papa !

– Allez papa, viens sucer maman !

Histoire courte

Connaissez-vous l'histoire de l'homme qui a un sexe minuscule, mais qui a 30 enfants ?

Elle est courte, mais elle est bonne.

Blague absurde

C'est un mec qui entre dans un bar et dit :

– Coucou, c'est moi !

Tout le monde se retourne mais en fait, c'était pas lui !

Trumperie sur la personne

Le prince Charles et Camilla sont en voyage aux USA. Ils sont reçus à dîner par Donald Trump. Lorsqu'il aperçoit Camilla, Trump devient livide et lui dit :

– Oh, chère princesse, je vois que c'est la tête qui a tout pris lors de votre accident sous le pont de l'Alma à Paris.

Déclaration politique

Marine Le Pen vient de demander à tous les bateaux du Vendée Globe de retirer leurs voiles !

Ce que la Bible ne raconte pas

L'histoire se passe à Bethléem.

Dans une étable, un jeune charpentier s'approche de sa femme qui vient d'accoucher :

– Mais enfin, Marie, qu'est-ce que tu as à pleurer comme ça !

Et la jeune femme fond en larmes :

– J'aurais tellement voulu avoir une fille !

La pipe martiniquaise

Trois amis entendent parler d'un bordel où se pratique la pipe martiniquaise. Trop curieux d'essayer cette pratique, ils s'y rendent aussitôt.

Sur la porte, trois tarifs sont affichés : 15, 20 et 30 euros. Ils sont perplexes et n'osent pas entrer. Ils se dirigent vers la terrasse du café d'en face et discutent.

Au bout de quelques minutes, l'un d'entre eux dit :

– Tant pis, j'y vais pour celle à 15 euros, et si ce n'est pas bien, je n'aurais pas perdu grand-chose.

Quelques longues minutes passent et le voilà qui revient au café, les yeux hallucinés, les jambes flageolantes. En un mot : heureux !

– Alors ?

– Wow ! Quel pied les mecs !

– Raconte !

– Eh bien, je me suis retrouvé devant une nana magnifique. Elle m'a déshabillé, a coupé une rondelle d'ananas, évidé le centre et me l'a enfilée sur la zigounette, pile poil la taille. Et là, elle m'a délicieusement sucé en grignotant l'ananas…

Sur ce, le deuxième copain se lève :

– Ah ben, je vais me faire celle à 20 euros…

Il revient quelques longues minutes après.

Les yeux complètement ailleurs et un sourire bête accroché aux lèvres…

– Alors ?

– Wow ! Le paradis !

– Raconte !

– Eh bien, tout comme pour toi, une nana canon m'a déshabillé, enfilé une rondelle d'ananas sur la zigounette, mais avec une variante. Elle a ajouté de la chantilly ! Partout ! Et elle m'a léché. WOOOOOOOOOOOOW ! RHAAAAAAAAA !

Alors le troisième se précipite pour avoir sa part de bonheur.

Il opte pour la pipe à 30 euros.

Très vite, il en ressort en courant, le pantalon encore en bas des genoux.

– Qu'est-ce que tu fous ?

– Une folle, c'est une folle !

– Ben alors, t'as pas eu l'ananas ?

– Oh si ! Tout comme vous : l'ananas sur la zigounette et la chantilly… mais quand je l'ai vue arriver avec le rhum et les allumettes…

Le secret d'un couple qui dure

Deux copines discutent :

– Tu te rends compte que mon mari et moi, nous sommes mariés depuis près de trois ans et que nous ne nous sommes jamais disputés !

– Ah oui, c'est quoi votre secret ? lui demande son amie.

– Eh bien, si jamais nous ne sommes pas d'accord sur quelque chose et que j'ai raison, mon mari accepte mon point de vue !

– Et si c'est lui qui a raison ?

– Haha, ça je n'en sais rien ! Ce n'est encore jamais arrivé !

Comme neuf

Le jour précédant son mariage, un gars dispute un match de rugby avec ses copains. Manque de chance, au cours d'une mêlée, il se fait marcher sur les parties. Souffrant le martyre, il demande à quitter le terrain et se fait conduire chez le médecin qui lui dit :

– Je ne peux pas faire grand-chose pour vous, sinon vous prescrire un antalgique et vous envelopper le pénis dans de la ouate, coincé dans une attelle.

Le lendemain soir, c'est la nuit de noces et la jolie jeune mariée sort de la salle de bains dans un déshabillé sexy qu'elle soulève jusqu'aux seins en disant :

– Regarde chéri comme ils sont beaux, aucun homme ne les a encore touchés. Je les ai gardés intacts, rien que pour toi ce soir !

Alors, le rugbyman répond du tac au tac en baissant son pantalon :

– Et ça, ma chérie, regarde : encore dans l'emballage !

La peau des fesses

Après un terrible accident de voiture, la femme d'un couple doit avoir recours à la chirurgie, car tout son corps est brûlé. Son chirurgien doit prélever de la peau sur les fesses de son mari pour réparer les blessures sur les joues de la femme. Un mois plus tard, les résultats sont assez satisfaisants, la femme est presque aussi belle qu'avant. Elle dit à son mari :

– Chéri, ce que tu as fait pour moi est formidable ! Qu'est-ce que je peux faire pour te remercier ?

– Rien rien, chérie. Ça me fait tellement plaisir de regarder ta mère t'embrasser sur la joue !

Hollande et le bon génie

Un jour, un génie traverse la fenêtre du bureau du président de la République où est installé François Hollande et lui dit :

– Bonjour président. Je suis un génie. Vous avez droit à un vœu que je réaliserai.

– C'est génial, lui répond Hollande.

Il ouvre son tiroir et en sort une carte de la Syrie et dit au génie :

– Regardez, mon bon génie. Vous voyez cette région sur la carte ? Il y a les rebelles, les pro-Assad, Daesh, les Russes, les Américains et nos troupes. Pouvez-vous rétablir la paix dans cette région ?

Le génie regarde la carte et dit à Hollande :

– Je crois, monsieur le président, que pour la première fois dans ma carrière de génie, je vais devoir déclarer forfait. C'est impossible à réaliser. Avez-vous un autre vœu ?

Hollande réfléchit longuement et lui dit :

– Oui, j'aimerais que Julie Gayet reste avec moi, même quand je ne serai plus président.

Le génie réfléchit à nouveau et lui dit :

– Pourriez-vous me remontrer la carte de la Syrie ?

HAAAAA-Hoooooo

Messieurs, quelle est la différence entre un HAAAAAA et un Hoooooo ?

Cinq centimètres.

Wooooo ! Wooooo ! Wooooo !

Deux Indiens et Donald Trump marchent dans les bois. Soudain, l'un des Indiens court en haut d'une colline et s'arrête devant l'entrée d'une petite caverne.

– Wooooo ! Wooooo ! Wooooo ! crie-t-il vers l'intérieur de la caverne. Ensuite, il tend l'oreille jusqu'à entendre un « Wooooo ! Wooooo ! Wooooo ! » en retour.

Puis, il arrache ses vêtements et court à l'intérieur de la caverne.

Trump, étonné, demande des explications à l'autre Indien.

– Est-ce que ton ami est devenu fou ?

– Non, répond l'Indien, c'est une coutume durant la saison des amours, quand un homme indien voit une caverne, il appelle « Wooooo ! Wooooo ! Wooooo » à l'entrée. S'il entend une réponse, cela veut dire qu'il y a une belle Indienne à l'intérieur qui l'attend.

Juste à ce moment, ils arrivent devant une autre petite caverne. Le deuxième Indien court vers la grotte, s'arrête et crie :

– Wooooo ! Wooooo ! Wooooo !

Aussitôt, il entend la réponse du plus profond de la caverne :

– Wooooo ! Wooooo ! Wooooo !

Immédiatement, il arrache ses vêtements et court à l'intérieur.

Le président américain continue de marcher seul dans les bois et soudain aperçoit une troisième caverne, mais cette fois, celle-ci est très grande, pour ne pas dire immense. Étonné, il regarde la grandeur de l'ouverture et se dit :

– WOW ! Regarde la grandeur de cette caverne ! C'est beaucoup plus gros que celles des Indiens. Il doit y avoir une vraie belle femme dans cette caverne !

Il se poste en plein milieu de l'entrée et crie de toutes ses forces :

– Wooooo ! Wooooo ! Wooooo !

Comme auparavant pour les deux Indiens, il entend une réponse à son cri :

– WOOOO, WOOOO, WOOOO !

Avec des éclairs dans les yeux et un sourire à se mordre les oreilles, il court à l'intérieur en arrachant ses vêtements.

Le lendemain matin, on peut lire à la une du journal local : « Un homme à moumoute, tout nu, s'est fait écraser par un train. »

Il est frais mon poisson !

Au marché, un vieux monsieur demande au poissonnier :

– Dites-moi, il est frais votre poisson ?

– Il est vivant, répond le poissonnier.

– Oui, mais est-ce qu'il est frais !

– Bien sûr qu'il est frais, puisqu'il est vivant ! s'agace le poissonnier.

– Ça ne veut rien dire ! Ma femme Rebecca est vivante, c'est pas pour autant qu'elle est fraîche !

à MÉDITER

Si Dieu existait vraiment, il ne nous laisserait pas éternuer pendant que l'on urine.

Au poil !

Qu'est-ce qu'un buisson au bord de la route ?

Une Portugaise qui fait du stop !

Chez les Balkany

Un journaliste interroge Patrick Balkany :

– M. Balkany, que pensez-vous des impôts ?

– Je ne ferai aucune déclaration.

Oh, oh, oh M6

Deux amis discutent dans un bar :

– Tu as vu, Karine Lemarchand va interviewer des hommes politiques sur M6 ?

– Oui, le premier invité sera Fillon en direct de la prison de la Santé. Ça s'appellera « L'amour est dans le prévenu ».

Marine en campagne

Deux amis discutent de politique :

– Tu as vu ? Marine Le Pen a dit qu'elle fera baisser la délinquance.

– Oui. Mais le seul moment où elle fera réellement baisser la délinquance, c'est le jour où elle se livrera à la police.

Blague mignonne

Deux amis caméléons se retrouvent autour d'un verre pour discuter :

– Comment ça va ? Tout se passe bien avec ta fiancée ?

– Ne m'en parle pas, répond le caméléon, elle m'en fait voir de toutes les couleurs !

JUPITER ET LA VÉNUS DE MILLE ANS
BON ! ÇA SUFFIT !
LES BRAS M'EN TOMBENT TELLEMENT ELLE EST NULLE, CETTE BLAGUE !
Ranson

Deux types

Il existe deux genres d'hommes politiques.

Il y a ceux qui connaissent la loi.

Et ceux qui connaissent le juge.

FLASH INFO

Voici le nouveau Code du travail préparé par Emmanuel Macron, il ne comporte qu'un seul article : « Ferme-la et bosse ! »

Accro à Twitter

Pendant l'enterrement d'un militaire américain, Donald Trump demande au prêtre :

– C'est quoi le code wi-fi ici ?

– Monsieur le président, un peu de respect, c'est l'enterrement d'un héros de guerre quand même !

– Merci, répond Trump, tout attaché ou avec un espace ?

Le nerf de la guerre

Un médecin demande à son patient :

– Alors, comme ça, vous souffrez des nerfs ?

– Pas des miens, docteur, mais de ceux de ma femme.

Un génie, je vous dis !

Qu'est-ce qu'un génie ?

Un étudiant dans la moyenne, mais avec une mère juive.

Votez Fillon !

Un journaliste de BFMTV interroge un petit vieux avant le premier tour de la présidentielle.

– Pour qui allez-vous voter ?

– Pour Fillon ! répond le petit vieux.

– Et pourquoi ?

– Parce que j'ai bien profité de mes CDI, de la Sécu et de ma retraite à 60 ans et que maintenant, je veux juste emmerder les jeunes générations !

Le tact

– Papa, c'est quoi le tact ?

– Tu vois, quand on te dit que tu n'es pas très photogénique ?

– Oui.

– C'est ça du tact. En fait, tu es moche.

Les bons comptes font les bons ennemis

François Fillon boit un verre avec Nicolas Sarkozy :

– Il faut absolument que j'arrête de boire du whisky, je vois tout en double ! dit Sarko.

Fillon sort un billet de 100 euros de sa poche et le lui tend :

– Tiens, je te rends les deux cents que je t'ai empruntés !

Mère juive

Une maman juive est très inquiète pour son fils ; il semble souffrir de graves troubles mentaux.

Elle l'emmène donc voir un psy. Le thérapeute demande à la mère d'aller dans la salle d'attente afin qu'il puisse s'entretenir seul à seul avec son fils.

Au bout d'un quart d'heure, il sort et dit à la maman :

– Ne vous inquiétez pas madame, ce n'est pas très grave, votre fils fait un complexe d'Œdipe.

La mère répond :

– Un complexe d'Œdipe ? Oh, c'est pas grave, du moment qu'il aime sa mère…

Certains facteurs

Une nymphomane va consulter un sexologue qui lui dit :

– Si je comprends bien, mademoiselle, votre équilibre sexuel dépend de certains facteurs…

– Pas seulement, répond la patiente. Il y a aussi des employés de l'EDF, du recensement, du gaz…

Oh ! Putaing ! Con !

Deux Marseillais se croisent sur le Vieux-Port :

– Eh con ! Tu connais pas la nouvelle. Je vais marier ma fille.

– Oh là ! Putaing !

– Non ! Pas celle-là, l'autre.

On ne peut pas se plaindre

Un dissident russe ayant fui le régime de Vladimir Poutine demande l'asile politique à la France.

À son arrivée à Roissy, une meute de reporters l'attend. Un journaliste lui demande :

– Pourriez-vous nous parler des difficultés de la vie quotidienne en Russie ?

– À vrai dire, répond l'opposant, on ne peut pas se plaindre…

– Qu'en est-il de la liberté de parole et d'opinion ?

– On ne peut pas se plaindre…

– Et le respect des droits de l'homme ?

– On ne peut pas se plaindre non plus…

– Mais alors, dit un journaliste, pourquoi demandez-vous l'asile politique chez nous ?

– Parce qu'en France, on peut se plaindre !

Psychologue psychopathe

Un psychologue dit à une très jolie patiente :

– Déshabillez-vous et allongez-vous sur le divan.

Le psy baisse alors son pantalon et se jette sur la jeune femme. Après l'avoir violée, il se rhabille et lui dit :

– Bon maintenant que j'ai réglé mon problème, quel est le vôtre ?

Il n'y a plus un sou !

Une nuit, Michel Sapin, surprend un cambrioleur dans son bureau du ministère des Finances. Il lui demande :

– Qu'est-ce que vous cherchez ?

– De l'argent ! répond le cambrioleur.

– Bonne idée ! répond Sapin. Je cherche avec vous.

Vaniteuse

Une femme de 45 ans, ne se sentant plus très bien dans sa peau, décide de se faire un lifting. L'opération se passe très bien et dès la sortie de la clinique, elle va faire ses courses dans une boulangerie. Arrivée à la caisse, comme le boulanger la dévisage, elle lui dit :

– Je sais bien que ça ne se demande pas mais, d'après vous, quel est mon âge ?

Le vendeur lui répond :

– Vous n'avez certainement pas plus de 34-35 ans.

Toute fière d'elle, elle lui répond :

– Eh bien, en fait, j'aurai 45 ans au mois de mars.

Pour déjeuner, elle va au restaurant du coin et demande également au serveur de deviner son âge. Un peu gêné, le serveur lui répond :

– Je ne sais pas, je dirais 33 ans.

Là aussi, le sourire aux lèvres, elle lui dit :

– Et non, j'aurai 45 ans au mois de mars.

Rentrant à son domicile, dans une rame de métro, elle est assise juste à côté d'un petit vieux. Voulant à tout prix savoir si ce n'est pas par pure politesse que les deux jeunes l'auraient rajeunie, elle demande alors au petit vieux :

– Monsieur, je suis désolée de vous déranger dans les transports en commun, je sais aussi que ça ne se demande pas, mais je voudrais en avoir le cœur net. Regardez-moi bien attentivement et dites-moi, s'il vous plaît, quel âge vous me donnez.

– Oh ! Mademoiselle, moi vous savez, à mon âge, j'ai la vue qui a fortement baissé, je suis presque aveugle, je suis dans l'impossibilité de répondre à votre question juste en vous regardant. Par contre, j'ai un truc infaillible.

– Ah oui, lequel ?

– Ça me gêne un peu mais voilà, en fait, en mettant ma main sous les jupes des femmes, j'arrive à deviner leur âge.

La rame étant déserte et la curiosité l'emportant, elle demande alors un peu honteuse au petit vieux de tester sa méthode sur elle.

L'octogénaire passe alors sa main sous la jupe, la tripote et au bout de cinq minutes :

– J'ai trouvé, j'en suis sûr, vous aurez 45 ans en mars prochain.

La femme, encore tout émoustillée, lui répond abasourdie :

– C'est incroyable votre truc, c'est parfaitement exact. Mais comment avez-vous fait ?

– Ah madame, c'est tellement simple, j'étais assis à la table derrière la vôtre au restaurant.

Madame ?

Une Israélienne, en visite à Paris, veut visiter l'opéra Garnier. Elle arrive à la caisse et demande deux billets pour le spectacle de la saison :

– Pour *Madame Butterfly* ? lui demande la caissière.

– Non, pour Mme Bensoussan !

Merci François

Automne 2017, sur un trottoir de Paris, deux chômeurs se rencontrent.

– On ne s'est pas déjà croisé quelque part ? demande le premier.

– Peut-être, de quelle circonscription PS étais-tu le député ?

Un homme honnête

Au cours d'une réception officielle, un invité se précipite vers Patrick Balkany et lui dit :

– Vous savez, j'ai beaucoup entendu parler de vous.

– En tout cas, répond le maire de Levallois, vous ne pouvez rien prouver.

Les citations les plus drôles

« Quand on a 20 ans de plus qu'une femme, c'est elle qui vous épouse. »

Sacha Guitry

Rien d'extraordinaire !

Deux amis discutent à la sortie d'un concert :

– Ce chanteur est vraiment merveilleux.

– Ouais, répond son ami, je ne lui trouve rien d'extraordinaire, si j'avais sa voix, je chanterais aussi bien que lui.

JE VEUX REJOINDRE "EN MARCHE !"
JE VAIS TE FAIRE COURIR UN PEU D'ABORD.
Lanson

L'art

En pleine campagne électorale, Marine Le Pen visite le musée d'Orsay où de nombreuses peintures sont exposées. Elle s'arrête devant l'une d'entre elles et interpelle le gardien :

– C'est quoi cette merde ?

– C'est un Van Gogh, madame.

Marine fait quelques mètres et appelle le gardien :

– C'est quoi cette mocheté ?

– C'est un Miró, madame.

Elle fait quelques mètres de plus et rappelle le gardien :

– C'est quoi encore cette horreur ?

– C'est un miroir, madame…

Je suis plombier, c'est un beau métier

Deux amis discutent :

– Ça s'est arrangé ton problème de fuite d'eau ?

– Oui, mais ça m'a coûté une fortune.

– Je crois qu'à cause des films pornos, les plombiers ont fini par croire que leur métier consistait à enculer les gens.

Témoignage

« Ma fille n'a pas voulu manger de la langue de bœuf parce que ça sortait de la bouche d'un animal. Du coup, je lui ai fait un œuf ! »

Petites retraites

Deux petits vieux parlent politique :

– Marine Le Pen a dit qu'elle allait beaucoup augmenter les retraites.

– Te fais pas avoir, répond l'autre, c'est parce que ça sera en francs !

L'oreille cassée

Deux bûcherons travaillent dans le Grand Nord canadien. À un moment, un des gars se coupe l'oreille avec une hache. Il crie à son collègue :

– Hé ! Si tu trouves une oreille, c'est la mienne !

Après quelques minutes, son collègue lui crie :

– Hé ! Est-ce que c'est celle-là ?

– Non, la mienne a un crayon dessus !

Champion olympique !

Lors des derniers JO de Rio, pour la compétition du 100 mètres nage libre, les nageurs sont sur leur plot de départ. Le nageur anglais discute avec le finlandais :

– Méfie-toi de l'Américain, il est très fort !

– Moi, c'est plutôt le Français qui me fait peur.

– Mais non, tu n'as pas de quoi t'inquiéter ! Il boit la tasse tout le temps !

– Ah bon ?

– Mais oui, ces fichus Français, même sous l'eau, ils se sentent obligés d'ouvrir leur grande gueule !

Pas typé

Enrico Macias visite la Chine et est très surpris d'y découvrir une synagogue en plein milieu de Pékin. Il entre. Un homme, en tenue de rabbin, aux yeux bridés et à la peau jaune, s'avance vers lui et lui demande :

– Vous cherchez quoi ?

– Eh bien, je viens assister à l'office.

– Mais… Vous êtes juif ?

– Oui.

– C'est bizarre, vous n'avez pas du tout le type.

Alcootest

Un policier, posté à un carrefour, voit arriver une décapotable, avec à son bord une superbe fille, en état flagrant d'ébriété. Le policier fait ranger la voiture et demande à la jeune fille de souffler dans l'alcootest. Après avoir constaté la couleur de l'alcootest, il se tourne vers la jeune fille et lui dit :

– J'ai l'impression que vous en avez avalé quelques-uns et des bien raides encore !

– Ah oui ! répond la jeune fille. Ça indique ça aussi ?

à MéDiTeR

En France, il y a 1,88 enfant par famille. Donc un enfant sur deux n'est pas fini. Ça explique le nombre de cons.

Avant le premier tour

Deux amis discutent politique avant le premier tour.

– Tu vas voter pour qui ?

– Je pense que je vais voter utile.

– Arrête, le vote utile, c'est comme partir en vacances entre amis.

– C'est-à-dire ?

– Bah, tu veux partir en Thaïlande, eux veulent partir en Écosse, et ça se finit à Melun !

Comme Alain Delon !

Deux enfants discutent de leurs parents :

– Moi, mon père, il ressemble à Alain Delon !

– Ah bon ? Il est beau ?

– Non, il est raciste.

Le point commun

Quel est le point commun entre une vierge et une combinaison de plongée ?

C'est dur à enfiler, mais une fois que t'es dedans, tu es bien.

Lost in translation

Lors d'une visite officielle en Chine, Emmanuel Macron interpelle le président chinois et lui dit par provocation :

– Dites-moi, à quand remonte votre dernière élection ?

– Ma dernière élection, répond le président chinois, c'était ce matin, à mon réveil.

Témoignage

« Je suis eksténüée. C'est comme être très fatiguée, sauf que je sors de chez Ikea. »

JE NE SUIS
NI DE DROITE
NI DE GAUCHE !
JE NE SUIS NI
D'EXTRÊME-DROITE NI
D'EXTRÊME-DROITE !
ÇA DEVIENT
COMPLIQUÉ, LA
POLITIQUE.
Rarson

Quand une journée est pourrie, elle est pourrie !

Un mec déprimé entre dans un bar. Le barman lui demande :

– Qu'est-ce qui ne va pas ?

– Rien ! Ma femme m'a quitté pour mon meilleur ami ! Cet ami, aussi mon associé, est parti avec tout l'argent de l'entreprise, donc je suis en faillite…

– En effet… prends donc un verre…

– Ce n'est pas tout… Cet après-midi, alors que je revenais de l'enterrement de ma mère, j'ai perdu le contrôle de mon véhicule et un bus s'est jeté dans le vide pour m'éviter : aucun survivant.

– Tu n'as vraiment pas de chance…

– Tu l'as dit ! Et pour finir, lorsque les policiers m'ont ramené chez moi, j'ai retrouvé ma maison entièrement brûlée, y compris mon chien, carbonisé.

– Il n'y a pas eu quelque chose de positif dans ta journée ?

– Si, mon test HIV !

à MéDiTeR

Il y a des hommes parfaits aux quatre coins du monde.

Malheureusement, la Terre est ronde.

La différence

– Connaissez-vous la différence entre Kev Adams et Michael Schumacher ? Aucune, leurs chutes sont nulles…

Pour faire plaisir aux parents

C'est un jeune garçon juif aux États-Unis. Il sort avec une fille et il a décidé d'en parler à son père. Malheureusement, lorsque son père lui demande le nom de sa fiancée et qu'il révèle qu'elle s'appelle « Washington », le papa lui dit de la quitter.

Alors, contraint et forcé, le jeune garçon rompt cette relation.

Un peu plus tard, tombé une fois de plus amoureux, il annonce à son père qu'il aime une autre jeune fille. Malheureusement, elle s'appelle « Johnson ».

Alors le papa lui dit :

– Mon fils, tu vas te trouver une belle jeune fille juive, avec un beau nom bien juif. Ce n'est pas les beautés juives qui manquent à New York !

Et le jeune garçon juif obéissant s'en va. Quelque temps plus tard, il se présente à son père pour lui parler de son nouvel amour :

– Cette fois-ci, papa, tu vas être content, j'ai une nouvelle petite amie !

– Ah oui ? Alors comment s'appelle-t-elle ?

– Son nom est « Goldberg » !

– « Goldberg » ! Ah… Je savais bien qu'on pouvait compter sur toi pour trouver une belle jeune fille juive avec un nom de bonne famille. Mais dis-moi, quel est son prénom ? Rachel ? Rebecca ? Hannah ?

– Non, papa. Elle s'appelle Whoopi.

The Voice

Un barman doit s'absenter et confie son bar à son ami :

– Tous les jours, les sourds et muets de l'institut d'en face viennent. Voici le code : ils tapent une fois sur le bar, cela signifie un pastis ; ils tapent deux fois sur le comptoir, ça signifie une bière.

Les sourds et muets viennent comme prévu et l'ami du barman exécute avec succès ses instructions.

Soudain, le portable du barman absent sonne :

– Y a un problème ? demande le barman.

– J'ai fait comme tu as dit, mais en ce moment ils ont tous la bouche grande ouverte ! lui balance son ami.

– T'inquiète pas quand ils sont bourrés, ils chantent…

Ah qu'elles sont jolies…

Enrico Macias, un pilote et deux hôtesses de l'air sont dans un avion… L'avion tombe en panne et va s'écraser, mais il n'y a que deux parachutes ! Le pilote propose alors :

– Les deux hôtesses vont mettre les parachutes et Enrico et moi, on va s'agripper à leurs jambes.

Tout le monde saute et les choses se passent bien : les parachutes s'ouvrent et ils descendent tranquillement.

Le pilote lève alors les yeux et remarque que l'hôtesse de l'air à laquelle il est toujours suspendu n'a pas de culotte et qu'on peut voir son joli minou… Inspiré et en hommage à Enrico, il se met à chanter :

– Ah qu'elles sont jolies les filles de mon pays…

Et Enrico de reprendre en tapant dans les mains :

– Laï laï laï laï laï laï laaaaaaahhhhhhh !

Spécialité régionale

Deux amis discutent :

– Tu vois, je me balade toujours avec un chargeur sur moi.

– Ah bon, tu as un iPhone ?

– Non, je suis marseillais.

Parent d'élève

Un homme reçoit une lettre du directeur d'école :

« Cher monsieur, lors d'un examen, nous avons constaté que votre fils avait une forte tendance à la myopie. Veuillez faire le nécessaire. »

La réponse du père ne tarde pas à venir.

« Cher monsieur, vous avez eu raison de m'avertir. Je lui ai flanqué une bonne fessée et il ne recommencera plus. »

Moi, ma femme

Trois amis ivres morts parlent de leur femme :

– Moi, dit le premier, ma femme est tellement bête qu'elle passe son permis alors qu'elle n'a même pas de voiture.

– La mienne, c'est encore pire, elle passe son permis bateau alors qu'on habite dans les Alpes.

– Moi, la mienne, elle est vraiment très bête, rendez-vous compte, avant de partir en vacances au Club Med, elle achète des capotes… et elle n'a même pas de bite !!!

La barrière de la langue

Un Allemand qui visite Tel-Aviv s'arrête à côté de deux types qui attendent un bus.

– *Entschuldigung, bitte, sprechen Sie Deutsch* ? demande-t-il.

Les deux Israéliens le regardent en silence.

– *Spreekt un misschien Nederlands* ?

Les deux Israéliens ne bougent pas…

L'Allemand essaie alors :

– *Sorry, do you speak english* ?

Les deux autres continuent à le regarder.

– *Parlare italiano* ?

Pas de réponse.

– *Habla usted español* ?

Toujours rien.

L'Allemand hoche alors la tête d'un air dégoûté et s'en va.

Le premier Israélien dit alors à l'autre :

– Tu ne crois pas qu'on devrait quand même apprendre une langue étrangère ?

– Pourquoi ? répond l'autre. Ce type en connaissait cinq, et ça ne lui a servi à rien !

Une grosse différence

Quelle est la différence entre une communion et une bar-mitsva ?

5 000 euros.

PRENANT CONSCIENCE DES RISQUES DE FONTE DES PÔLES, J'AI TROQUÉ MON 4X4 CONTRE UN 4X4 AMPHIBIE...
C'EST PAS UN DIESEL AU MOINS?
Ranson

La vérité sur le vol MH370

Une blonde a la chance de voler dans le cockpit d'un Boeing de la Malaysia Airlines à côté du pilote.

Au beau milieu du vol, le pilote meurt brusquement d'une crise cardiaque. Frénétiquement elle lance un appel de détresse :

– May Day ! May Day ! May Day ! À l'aide ! Help ! Au secours ! Venez m'aider ! May Day ! Mon pilote vient d'avoir une attaque, il est inconscient, je crois qu'il est mort, je ne sais pas piloter ! Au secours ! S'il vous plaît, aidez-moi !

Presque instantanément, elle entend une voix dans la radio :

– Ici la tour de contrôle, j'ai reçu votre message et je vais vous indiquer les manœuvres à suivre pour vous sortir de là, j'ai une grande expérience de ce genre de situation. Maintenant détendez-vous, tout va bien se passer… Donnez-moi votre hauteur et votre position.

– Je fais 1 mètre 70 et je suis assise sur le siège avant.

– Ok, répond la voix de la tour. Répétez après moi : « Notre Père qui êtes aux cieux… »

C'est beau le progrès !

Deux amis se croisent dans la rue :

– Hé, ça va ? Dis-moi c'est la montre Apple que tu as au poignet ?

– Oui, elle est géniale !

– Et il est quelle heure ?

– Ah non, elle donne pas l'heure, mais par contre elle peut géolocaliser l'horloge la plus proche !

Carnet de campagne

François Hollande nous présente en exclusivité son programme pour 2018 :

Des vacances au Maroc, une thalasso en Bretagne, sortir le chien et essayer de garder Julie Gayet…

Un truc énorme

Un homme a un sexe tellement gros qu'il ne trouve pas de fille pour faire l'amour avec lui. Un jour, il rencontre un pote qui lui file l'adresse d'une prostituée susceptible de recevoir sa pénétration.

Trop content, le soir même, il va voir la prostituée et miracle, il pénètre cette dernière sans problème. À la fin de l'acte, ce dernier, étonné, lui demande :

– Dis-moi, tu ne sens rien ?

– Pourquoi ? demande la prostituée. T'as pété ?

Témoignage

« Un ami m'a dit que les mots ne blessaient pas.

Je lui ai jeté un dictionnaire dans la gueule, il a vite changé d'avis. »

Ça caille !

Trois Canadiens sont assis dans un sofa et parlent de la vague de froid qui s'est abattue chez eux :

– Chez moi, commence le premier, il fait si froid que quand je crache par terre, le crachat gèle avant d'arriver !

– Eh bien chez moi, renchérit le second, c'est pire que ça, il a fallu que je me la chauffe au sèche-cheveux pour pouvoir pisser !

– Vous n'avez rien vu, dit le troisième, regardez plutôt ça !

L'homme passe sa main sous les coussins du canapé, en retire un petit disque marron, écrase sa cigarette dessus, et à ce moment, on entend :

– Prouuuuuut !

Ne l'oubliez jamais

Les sondages, c'est comme les bikinis : ça donne des idées, mais ça cache l'essentiel !

Les citations les plus drôles

– « Fillon, on ne sait pas où est passé l'argent, mais certainement pas à l'Atelier du sourcil. »

Bernard Mabille

LES POLITOLOGUES SONT FORMELS : LA BULLE MACRON SE DÉGONFLERA ENTRE LE MILIEU ET LA FIN DE SON TROISIÈME QUINQUENNAT.
Fanson

L'œuf à la coque

Tous les matins, le jeune Kevin mange un œuf à la coque. Il en mange tellement qu'il en attrape le teint jaunâtre. Son père décide d'aller voir le docteur et lui explique la situation. Le médecin dit au petit :

– Tu dois absolument arrêter de manger des œufs, c'est très mauvais pour ton foie !

Le lendemain matin, au petit-déjeuner, son père lui demande :

– Alors mon fils, tu veux manger quoi ?

– Un œuf, papa !

– Non, pas question, tu mangeras du pain et de la confiture !

Le petit, en colère, quitte la table et va à l'école.

Le lendemain, même chose, le petit réclame des œufs. Le père réfléchit au problème et trouve une solution.

Il descend à la cuisine un peu plus tôt, perce un petit trou avec une aiguille dans l'œuf, le gobe, et remet l'œuf vide dans le coquetier.

Le petit Kevin, heureux, prend sa petite cuillère, tape sur l'œuf et rien ! Il est vide !

– Qu'est-ce que tu veux, Kevin ? demande le père.

– Du pain et de la confiture, répond le petit.

Le lendemain, même topo, il prend sa petite cuillère, tape, et rien, vide !

Au bout d'une semaine, le petit Kevin se dirige vers la basse-cour, saisit le coq par son cou et lui dit :

– Toi, si je t'attrape encore à baiser avec des préservatifs, ça va être ta fête !

Favoritisme

Un pasteur va voir saint Pierre au paradis et lui demande :

– Voilà, grand saint Pierre, je viens de mourir et je voudrais visiter le paradis. Avez-vous un véhicule à me proposer ?

– Pas de problème, voilà le dernier modèle de Twingo.

Deux jours plus tard, le pasteur retourne voir saint Pierre et lui dit :

– J'ai croisé un curé en BMW. Moi qui croyais qu'au paradis, nous étions tous égaux…

– Écoute, tu as eu une femme sur terre, tu as connu des plaisirs qu'il ignore. Tu peux bien lui laisser cette compensation ?

Le pasteur repart à moitié convaincu, et revient deux jours plus tard :

– J'ai croisé un rabbin en Rolls Royce. Lui aussi, il a eu une femme et des enfants. Alors, pourquoi il roule en Rolls Royce et moi en Renault ?

– Chut, il est de la famille du Patron.

Dernière volonté

Une femme mourante harcèle son mari :

– Je te préviens, quand je serai morte, je t'interdis de te remarier, si tu le fais, je creuserai la terre avec mes dents et viendrai hanter tes nuits !

Quelques jours plus tard, la femme décède. Son mari s'arrange pour l'enterrer sur le ventre plutôt que sur le dos. Alors il s'agenouille près de la tombe et dit :

– Allez creuse, maintenant, creuse !

CB

Deux copains discutent :

– J'ai perdu ma carte bleue !

– Elle n'a pas pu disparaître, tu n'es pas encore marié !

So shocking !

Un vieux couple anglais fait l'amour. Soudain, le mari demande à sa femme :

– Darling, est-ce que je t'ai fait mal ?

– Non, darling, pourquoi donc ?

– Mais parce que tu as bougé !

Après l'amour

Un homme va consulter un sexologue qui le rassure :

– Si vous êtes un très bon amant, il se peut que votre femme s'endorme d'épuisement après l'amour.

– Ah oui ? répond le patient. Eh bien, je dois être vraiment un très bon coup alors, parce que ma femme s'endort toujours en plein milieu.

Page de publicité

Pour avoir de beaux cheveux Marine Le Pen utilise du shampooing « Skinhead & Shoulders ».

Dans l'isoloir

En 2017, pour la présidentielle, une jeune fille de 18 ans va voter pour la première fois de sa vie. Elle se rend au bureau de vote et se fait expliquer la marche à suivre. Elle va dans l'isoloir tire le rideau.

Stupeur dans le bureau de vote, les habits de la demoiselle, puis ses sous-vêtements sont posés sur la tringle à rideau de l'isoloir.

On s'inquiète et le responsable du bureau de vote ouvre le rideau voit la demoiselle intégralement nue. Elle lui dit :

– On m'a dit que si je votais pour Macron, j'allais me faire baiser, alors...

Fantasme

Un vieux juif se retrouve sur le divan d'un psy. Il se confie au médecin :

– Dans un de mes fantasmes préférés, je suis dentiste et mes seules patientes sont des femmes.

Le psy intervient tout de suite :

– Hmmm, je vois. Ne serait-ce pas pour les faire souffrir ?

Et l'homme répond :

– Non, je ne pense pas. C'est plutôt parce que ça doit être reposant d'avoir devant soi, pendant un quart d'heure, une femme qui garde la bouche grande ouverte et à qui vous interdisez de parler.

Allez les bleus !

Quelques mois avant le Mondial de football à Moscou, le sélectionneur Didier Deschamps en a vraiment marre des mauvais résultats de l'équipe de France.

Il décide d'appeler le sélectionneur champion du monde, Aimé Jacquet, pour lui demander quelques conseils.

– Allô, Aimé ? C'est Didier. Dis-moi, comment ferais-tu pour avoir une bonne équipe ?

Aimé Jacquet accepte de lui donner un petit coup de pouce :

– Écoute, c'est simple ! Tous les jours à l'entraînement, tu disposes onze mannequins en plastique sur le terrain, tu fais jouer les gars contre ces mannequins, et comme ils vont gagner à chaque fois au moins 80 à 0, ils vont avoir un moral d'acier !

– Ah d'accord ! Je vais essayer... lui répond Didier Deschamps, enthousiaste.

Deux jours plus tard, il rappelle Aimé Jacquet :

– Dis donc Aimé, j'ai fait ce que tu m'as dit, mais que fais-tu quand les gars perdent 2-0 contre les mannequins pendant l'entraînement ?

La rose est fanée

Dans un PMU, un homme n'arrête pas de rouspéter sur tout : sur François Hollande, sur l'incompétence du Premier ministre, sur l'inefficacité de Ségolène Royal, sur Hamon, etc.

À la fin, le barman, excédé lui dit :

– Mon vieux, je ne vois qu'une solution, allez-vous plaindre à votre député socialiste.

– Mais, répond l'homme, vous ne comprenez pas ma situation ? C'est moi mon député socialiste !

Au Modem

On sonne à la porte du bureau de François Bayrou.

« Enfin, un nouvel adhérent au Modem », se dit Bayrou.

– Bonjour monsieur !… Veuillez passer dans mon bureau, s'il vous plaît, et asseyez-vous !

L'homme s'exécute. Il s'assied tandis que Bayrou décroche son téléphone en ajoutant :

– J'ai juste un petit coup de fil à passer… Et je suis à vous !

Il compose un numéro, puis dit :

– Allô M. Trump… Comment ça va Donald ? On se voit jeudi, c'est ça ? Oui, juste avant mon rendez-vous avec Poutine et le pape.

François Bayrou raccroche, puis se tourne vers son visiteur :

– Bon alors, maintenant à nous ! Que puis-je faire pour vous ?

– Rien, moi, je suis l'employé de chez Orange, je suis ici pour brancher votre téléphone…

On l'avait déjà oubliée

Le soir du premier tour de la primaire de la gauche, Sylvia Pinel rentre chez elle et dit à son mari :

– Tu ne connais pas la dernière ?

– Non ma chérie ?

– Et ben, c'est moi !!!

Le peloton

L'histoire se déroule dans une sinistre prison de Syrie où sont emprisonnées trois jeunes filles, deux brunes et une blonde.

Elles sont toutes les trois condamnées à mort pour espionnage et vont être fusillées une par une dans la cour de la prison. Elles sont mortes de trouille et cherchent toutes la solution pour éviter à tout prix le peloton d'exécution. Le prêtre qui vient les confesser, les prend en pitié et leur confie :

– Vous savez, dans ce pays, les gens ont très peur des catastrophes naturelles, ils pensent que ce sont des punitions divines, alors si vous voulez un conseil, servez-vous-en au moment crucial.

Le lendemain, la première brune est emmenée dans la cour, attachée au poteau, lorsque le bourreau dit :

– En joue !

Elle se souvient des paroles du bon prêtre et hurle de toutes ses forces :

– OURAGAN !!!

Là, les soldats s'enfuient tous, affolés !

L'autre brune et la blonde, ayant assisté à la scène depuis leur cellule, sont très impressionnées ! Le prêtre avait donc raison ! Ça fonctionne !

Le lendemain, la brune est emmenée dans la cour, attachée elle aussi au poteau, et lorsque le bourreau crie :

– En joue !

Elle hurle :

– CYCLONE !!!

Idem, les soldats courent dans tous les sens pour aller s'abriter.

Le lendemain, la blonde est emmenée dans la cour, attachée au poteau, et lorsque le bourreau crie :

– En joue !

Elle hurle :

– FEU !!!

Comme un doute

Un homme très jaloux part en voyage d'affaires. Avant son départ, il dit à son fils de bien observer les moindres faits et gestes de sa mère pour qu'il lui raconte tout à son retour.

Quelques jours plus tard, il rentre enfin :

– Alors ?

– Ben, y'a Marcello, le voisin, qui est venu le premier soir. Il a embrassé maman sur les lèvres et ils se sont tenus longtemps enlacés.

– Et ensuite ?

– Maman l'a conduit à votre chambre à coucher.

– Et ensuite ?

– J'ai regardé par le trou de la serrure : le voisin s'est mis tout nu.

– Et ensuite ?

– Ensuite, il a mis maman toute nue.

– Et alors ?

– Après maman a éteint la lumière et je n'ai rien pu voir.

– Aaargh, mon Dieu ! Le doute me ronge et il finira par me tuer !

Le palais

Pendant la dernière présidentielle, François Fillon va consulter une voyante.

– Je vois, dit la voyante, un très grand palais.

– Le palais de l'Élysée ? demande fébrilement François Fillon.

– Non, répond la voyante, le palais de justice !

Jésus reviens

Le pape François convoque ses cardinaux et leur dit :

– Messieurs, j'ai une bonne et une mauvaise nouvelle. La bonne est que Dieu est de retour sur Terre. La mauvaise, c'est qu'il vient de m'appeler de La Mecque.

Toilettes privées

Brad Pitt se balade dans les rues de Paris, quand tout à coup une énorme envie d'uriner le prend. Il entre dans un café sous le regard médusé du patron :

– Excusez-moi, avez-vous des toilettes privées ?

– Ah non désolé, m'sieur Pitt, ici c'est public !

– Ah pardon alors !

Et l'acteur s'en va.

Il entre dans un café à côté et demande la même chose au patron :

– Ah non, M. Pitt, c'est public les toilettes ici. Mais pourquoi refusez-vous ? Les hommes ne se regardent pas !

– Vous ne comprenez pas : c'est très gênant pour moi !

– Et pourquoi ?

– C'est trop long à expliquer. Bon tant pis, j'y vais quand même.

Brad Pitt entre dans les toilettes et ressort cinq minutes plus tard entièrement recouvert de pisse.

– Mon Dieu, mais que vous est-il arrivé ?

– À chaque fois, c'est la même chose : quand je rentre dans les pissotières, tous ceux qui urinent se retournent et hurlent : « Mon Dieu, c'est Brad Pitt ! »

CYRIL, IL FAUT QUE TU ARRÊTES AVEC TES BLAGUES HOMOPHOBES, ON A PERDU PLEIN D'ANNONCEURS !
COMMENT JE POUVAIS SAVOIR QUE NOS ANNONCEURS ÉTAIENT TOUS DES PÉDÉS, PATRON ?!
Ranson

Au dentiste

Une femme se rend chez son dentiste. Elle entre dans le cabinet avec un air un peu bizarre et enlève tout de suite son pantalon et sa petite culotte, avant de s'installer sur le fauteuil.

Sans attendre un instant, le dentiste ahuri dit à la femme :

– Je crois que vous vous trompez de spécialiste, madame, vous êtes chez le dentiste !

Et elle de lui répondre :

– Je le sais très bien, et je sais que c'est vous qui avez posé le dentier de mon mari, alors allez le chercher !

Masterchef

– Chef, dit le patron d'un restaurant à son cuisinier, il faudrait vous calmer un peu sur le poivre de Cayenne, le paprika et les autres épices que vous répandez si généreusement dans les plats.

– Pourquoi ? interroge le cuisinier. Ça vous fait mal à l'estomac ?

– Non pas du tout, mais c'est vraiment trop aphrodisiaque pour mes clients ! C'est la sixième fois qu'ils violent la serveuse en deux jours…

Les citations les plus drôles

« Il était normand par sa mère et breton par un ami de son père. »

Alphonse Allais

Ça fait mal !

Un homme avec une tête bien abîmée rencontre un de ses amis :

– Dis-moi, qu'est-ce qu'il t'est arrivé, tu es drôlement amoché ?

– Tu ne me croiras jamais ! Je me suis pris un coup de gigot congelé sur la tête.

– Un coup de gigot dans la figure !?! Mais comment ça t'est arrivé ?

– Je te raconte, hier ma femme était habillée de façon très sexy, une jolie minijupe, un décolleté plongeant et à un moment, elle s'est penchée dans le congélateur pour prendre quelque chose, alors je ne sais pas ce qui m'a pris, je n'ai pas pu résister, je l'ai prise violemment…

– Ça alors !

– Oui, elle criait, mais moi je continuais de plus belle… j'étais comme un fou !!!

– Ah oui, sérieusement ?

– Ouais, en plus, elle se débattait alors moi, ça m'excitait encore plus…

– Tu m'étonnes !

– Puis à un moment, elle a attrapé un gigot congelé et elle m'en a donné un grand coup sur la tête…

– Mince alors, mais elle n'aime pas faire l'amour ta femme ?

– Si… Mais pas au supermarché !

Carnet de campagne

Emmanuel Macron, n'arrivant pas à choisir entre la droite et la gauche, décide de conduire sur la ligne blanche.

Bilan : dix morts sur l'autoroute A4.

Sweet dream

Deux amis discutent :

– La nuit ma femme rêve qu'elle vit avec un millionnaire !

– Tu as de la chance ! Moi, c'est durant la journée que ma femme croit ça !

Un OM et une femme

À Marseille, un supporter fanatique de l'OM prévient sa femme :

– J'ai enregistré le match de foot : Marseille/PSG. Surtout, si tu as entendu le résultat à la radio ou à la télé, ne me le dis pas pour que la rencontre conserve tout son suspense.

– J'ai entendu le score final, répond sa femme, et je me suis bien gardée de te le répéter, en sachant combien ça t'aurait contrarié.

Il faut être fou !

Dans un asile de fous, une infirmière répond au téléphone. Un homme lui demande :

– Dites-moi, est-ce qu'un de vos cinglés, je veux dire patients, s'est échappé cette semaine ?

– Non, monsieur, on vérifie tous les jours.

– Vous en êtes bien sûre ? insiste l'homme.

– Mais oui, pourquoi me demandez-vous ça ?

– Vous devriez tout de même vérifier, parce que je viens d'entendre à la télé que des milliers de personnes avaient voté pour Fillon !

FINALEMENT, CE MACRON, C'EST MOI EN MIEUX.
ET BRIGITTE? C'EST MOI EN MOINS REFAITE?!
Ranson

Sacré Lucien !

Un jeune couple se rend à la fête du village, les deux amoureux s'arrêtent devant une baraque foraine. Sur l'affiche est écrit : « DEVANT VOS YEUX ÉBAHIS MONSIEUR LUCIEN ÉCRASE UNE NOISETTE AVEC SON SEXE ! ENTRÉE : 2 francs ! »

Les deux jeunes se disent : « Après tout, pour le prix, on peut aller voir. »

Ils entrent dans la baraque où tous les spectateurs crient :

– LU-CIEN, LU-CIEN, LU-CIEN !

Après dix minutes, Lucien arrive. Une assistante pose une noisette sur une table. Monsieur Lucien sort son sexe, et BAM ! Il explose la noisette en mille miettes.

Le public hurle :

– BRAVO LUCIEN, BRAVO LUCIEN !

Des années plus tard, nous sommes en 2017, le même couple se rend à nouveau à la fête du même village. Ils s'arrêtent à nouveau devant la même baraque. Cette fois-ci, sur l'affiche est écrit : « DEVANT VOS YEUX ÉBAHIS MONSIEUR LUCIEN ÉCRASE UNE NOIX DE COCO AVEC SON SEXE ! ENTRÉE : 2 euros ! »

Ils se disent : « Ce n'est pas possible, après trente ans, ça ne doit pas être le même, il est trop vieux. Tant pis, on va voir. »

Ils entrent dans la baraque foraine où, comme il y a trente ans, les spectateurs crient :

– LU-CIEN, LU-CIEN, LU-CIEN !

Même scénario : après dix minutes, Lucien arrive. L'assistante pose une noix de coco sur la table. Monsieur Lucien sort son sexe, et BAM ! Il explose la noix de coco en dix mille miettes.

Le public hurle :

– BRAVO LUCIEN, BRAVO LUCIEN !

Interloqués, le mari et la femme se disent : « Il doit avoir un secret, on va voir Monsieur Lucien dans sa roulotte. »

– Bonjour Monsieur Lucien, c'est formidable ce que vous faites. Il y a trente ans une noisette, et maintenant une noix de coco ! Vous êtes devenu beaucoup plus fort !

– Oh non, ce n'est pas ça, maintenant je suis obligé d'utiliser une noix de coco parce que ma vue baisse.

Torts partagés

Un homme rentre plus tôt de voyage et tombe sur sa femme, au lit avec le voisin :

– Qu'est-ce que tu fais au lit avec ce con ? T'es vraiment qu'une pute !

– Tu es aussi un peu responsable, répond la femme, tu ne devais rentrer que demain !

Très profond

Deux alcooliques discutent :

– Tu sais l'alcool, ça aide parfois, ça faire ressortir ce qu'il y a de plus profond en moi.

– Ah, tu as vomi ?

– Ouais.

Témoignage

« Cette nuit, j'ai rêvé que je mangeais des pâtes. Je me suis levé et j'ai fait des pâtes. Je suis comme ça moi, je réalise mes rêves. »

Blague juive

C'est Maurice Bensoussan, commerçant juif, qui est accusé d'avoir violé sa secrétaire. Le jour du procès, il se ramène avec tous ses potes du Sentier pour l'encourager à l'audience :

– M. Bensoussan, connaissez-vous cette jeune femme ici présente ?

– Aïe, aïe, aïe ! Comment si j'la connais ? J'l'ai même niquée !

FLASH INFO

Brice Hortefeux vient d'être mis en eczéma.

Le matin suivant la nuit de noces

Une jeune blonde et son copain viennent de se marier. Ils arrivent enfin à l'hôtel après une longue journée de célébrations. Ils passent une nuit torride ! La blonde était encore vierge, mais elle a vite compris ! Une nuit d'extase !!!

Lorsqu'elle ouvre les yeux, son mari est sous la douche. Il chante comme un grand ténor.

En sortant de la douche, il constate qu'il n'a pas de serviette. Il va dans la chambre. La blonde est assise sur le bord du lit, elle le regarde attentivement, de haut en bas pour enfin, fixer son regard sur sa zigounette.

– Mais, mais… mon chéri, c'est quoi ça ?

– C'est la chose avec laquelle tu as eu tellement de plaisir cette nuit, lui dit-il en rougissant.

La blonde lui répond :

– Mon Dieu, ça s'use si vite ; et c'est tout ce qui reste ?

Tout le monde !

La grand-mère, la mère et la jeune fille sont à la maison quand soudain la porte vole en éclats. Un voleur se précipite à l'intérieur…

– Tout le monde se couche à terre ! hurle l'homme.

– Ma grand-mère aussi ? demande la jeune fille.

– Quand je dis tout le monde, c'est tout le monde ! s'énerve le voleur. Bon, à présent déshabillez-vous toutes les trois !

– Ma grand-mère aussi ? demande la jeune fille.

– Quand je dis tout le monde, c'est tout le monde ! hurle le voleur. Bon, maintenant je vais toutes vous ligoter !

– Ma grand-mère aussi ? demande la jeune fille.

– Quand je dis tout le monde, c'est tout le monde. Très bien ! Je vais maintenant toutes vous violer !

– Ma grand-mère aussi ? demande la jeune fille.

– De quoi je me mêle ! s'énerve la grand-mère. Quand monsieur dit tout le monde, c'est tout le monde…

Un vrai goujat

Un homme décide de se faire griller au soleil tout nu sur une plage. Par respect et pour ne pas attraper un coup de soleil, il couvre son sexe avec son chapeau.

Une femme se promène sur la plage le long de l'eau et, arrivée devant le dormeur nu, elle s'exclame, avec un sourire en coin :

– Si vous étiez un gentleman, vous soulèveriez votre chapeau devant une dame.

L'homme ouvre un œil et répond :

– Madame, si vous en valiez la peine, il se soulèverait tout seul !

Les citations les plus drôles

« Les socialistes ont eu tort de venir au pouvoir. Ils auraient dû faire comme Dieu : ne jamais se montrer pour qu'on continue à y croire. »

Coluche

Le mode d'emploi

Deux femmes prennent le thé et discutent.

– Dites-moi, Mme Martin, comment se fait-il que votre fille ait accouché après six mois de mariage ? demande perfidement la première.

– Vous savez, elle est jeune et ne savait pas qu'il fallait attendre neuf mois pour accoucher.

Dilemme

Un étudiant demande à son professeur :

– Comment expliquer la notion de « dilemme » ?

Le professeur répond :

– Il n'y a rien de mieux qu'un bon exemple : imaginez, mon jeune ami, que vous êtes couché au milieu d'un grand lit avec une superbe jeune femme d'un côté, et un homme gay de l'autre… À qui allez-vous tourner le dos ?

Le saviez-vous ?

Léonard de Vinci, n'ayant pas réussi à faire carrière dans la peinture, décida de se lancer dans les parkings privés.

BAROIN, À NOUS DEUX, NOUS ALLONS REFONDER LA DROITE !
JE T'AIME BIEN, WAUQUIEZ MAIS ÇA M'ÉTONNERAIT QU'ON ARRIVE À SE REPRODUIRE ENSEMBLE, LÀ...
Pancon

Télé-évangéliste

Papy et mamie regardent un programme religieux à la télévision. À un moment, le télé-évangéliste demande à celles et ceux qui voudraient être guéris de mettre une main sur la télé et l'autre sur la partie du corps qu'ils souhaitent voir guérir.

Papy s'empresse aussitôt de mettre une main sur la télé et l'autre sur son pénis. Mamie le regarde alors avec étonnement et lui dit…

– Tu ne comprends absolument rien… Le but de cette manœuvre est de guérir les malades, pas de ressusciter les morts !

Clique-claque

Quelle est la différence entre un internaute et son épouse dépensière ?

Pendant qu'il clique, elle claque.

Il me parle mal

Un homme se confie à un ami :

– Mon fils me parle mal !

– Ah bon, il a dit quoi ?

– Arrreuhhhh gha gha gha.

– Ça ne veut rien dire.

– C'est ce que je te dis ! Il a un an et il me parle mal.

Témoignage

« J'ai décidé de me la jouer écolo ce matin. J'ai pris mon vélo pour aller au travail. J'espère juste qu'il tiendra sur le toit de ma voiture. »

Évolution de la téléphonie mobile

1990 : « J'ai pas de réseau. »

2000 : « J'ai plus de forfait. »

2015 : « J'ai plus de batterie. »

Le rôle de ma vie

Dans une famille séfarade, un petit garçon revient de l'école et dit à sa maman :

– J'ai été pris dans la pièce de théâtre de l'école.

– Mais, c'est fantastique, mon fils ! Je suis fière de toi. Quel rôle as-tu obtenu ?

– Celui d'un mari juif, répond le fils fièrement.

– Retourne tout de suite voir ton professeur et dis-lui que tu ne veux pas d'un rôle muet !

Mauvaise affaire

Deux jeunes amis, un Italien et un Juif, ont leur anniversaire le même jour.

Ce jour-là, le papa du petit italien offre à son fils un beau petit pistolet véritable.

Le papa du petit juif lui offre une superbe Rolex.

Le lendemain, à l'école, ils se montrent ce qu'ils ont obtenu la veille comme cadeau, et comme chacun trouve le cadeau de l'autre plus chouette, ils les échangent.

Lorsque le papa italien rentre chez lui, le soir, il voit la Rolex au poignet de son fils et demande :

– Où as-tu pris cette montre ?

Le petit italien explique à son père l'échange qui a été fait. Le mafioso lui donne une gifle violente et lui crie :

– Espèce de petit con ! T'es vraiment débile ou tu le fais exprès ? Un jour, peut-être, tu vas te marier. Puis, un autre jour, peut-être, tu rentreras chez toi et tu trouveras ta femme dans le lit avec un autre homme. Qu'est-ce que tu feras alors ? Tu regarderas ta montre et tu diras : « Vous en avez encore pour longtemps ? »

Les citations les plus drôles

« Je trouve que la télévision est très favorable à la culture. Chaque fois que quelqu'un l'allume chez moi, je vais dans la pièce à côté et je lis. »

Groucho Marx

Vous êtes ici

Devant une station de métro, Jean Lassalle regarde le plan pour se rendre à l'Assemblée nationale. Sur le plan, il voit écrit : VOUS ÊTES ICI. Énervé, il dit à son assistant parlementaire :

– C'est dingue, tu as vu comment on est fliqué depuis que Macron est au pouvoir ! Même le plan sait où je suis !

Cher Papa Noël

Le petit Vladimir Poutine écrit une lettre au Père Noël : « Cher Papa Noël, je voudrais une trottinette électrique, car j'ai été un petit garçon très sage. »

Le petit Poutine s'arrête, réfléchit un instant, déchire sa lettre et en récrit une nouvelle : « Cher Papa Noël, j'ai eu de très bonnes notes à l'école cette année. »

Il s'arrête à nouveau et déchire sa lettre. Tout en réfléchissant, il aperçoit une sainte vierge sur l'étagère du salon, il se lève, attrape la statue, l'enroule dans du papier journal, l'enferme dans une boîte à chaussure. Puis reprend du papier à lettres :

« Cher Papa Noël, si tu veux revoir ta mère en vie, envoie-moi une trottinette électrique toute neuve.

Signé V. Poutine. »

Les citations les plus drôles

« Il est étonnant de voir que le nombre d'événements qui se produisent chaque jour dans le monde remplit exactement un journal. »

Jerry Seinfeld

Couple en péril

Un conseiller conjugal tente de réconcilier le couple Hollande-Trierweiler qui veut se séparer :

– La plupart du temps, explique-t-il, la situation se dégrade pour des raisons purement sexuelles. Voyons, quand avez-vous fait l'amour, l'un et l'autre, pour la dernière fois ?

– Pas plus tard que la nuit dernière, répond Hollande.

– Ce qu'il oublie de vous préciser, corrige Trierweiler, c'est que c'était en cachette avec une actrice.

Coiffure de footeux

Paul Pogba, le jeune footballeur de l'équipe de France, se rend chez son coiffeur.

Le coiffeur lui demande quelle coupe il désire.

Le footballeur lui répond :

– Alors, je voudrais : complètement rasé sur le côté droit, une banane mais juste à gauche et de travers, une brosse sur le dessus mais avec, et c'est très important, un trou au milieu, la nuque bien dégarnie mais avec quelques touffes par-ci par-là. Et bien sûr, une teinture de toutes les couleurs.

Le coiffeur lui répond médusé :

– Mais ce n'est pas une coupe, ça va être horrible !

Pobga lui répond :

– Ah ouais, pourtant c'est ce que vous m'avait fait la dernière fois.

Âge de pierre

Un professeur interroge ses élèves :

– Comment vivaient les Juifs à l'âge de pierre ?

– Très mal ! répond le petit Ethan.

– Ah oui et pourquoi ? lui demande son professeur.

– Imaginez la circoncision avec un silex !

NON, MOI ÇA NE ME DÉRANGE PAS DU TOUT, L'ÂGE DE BRIGITTE MACRON.
FAUDRAIT POSER LA QUESTION À D'AUTRES QUE DSK...
Danson

Le socialisme

Martin et Louis sont deux agriculteurs. Tout le village sait que Louis est socialiste.

Un jour, ils se croisent dans les champs et engagent ensemble une petite conversation sur la météo, les cultures et les bêtes…

Tout à coup, Martin dit à Louis :

– J'peux t'poser une question ? T'es socialiste, mais qu'est-ce ça peut ben vouloir dire « être socialiste » ?

– Je vais t'expliquer ça en vitesse, répond Louis. Les socialistes sont pour une redistribution équitable.

– Redistribution équitable, qu'est-ce que tu me racontes là ? demande alors Martin.

– Eh bien, je vais te donner un exemple, tu possèdes deux ânes, je le sais. Moi, je n'en ai pas. Le socialisme suggère que tu me donnes un de tes deux ânes. Ainsi, nous en aurons un chacun. Ça, c'est de la redistribution et ce serait donc mieux pour tout le monde. Qu'en penses-tu ?… Rejoins-nous !

– Eh bien, en voilà une théorie ! dit Martin. Il faut que j'y réfléchisse.

Sur ce, il retourne à la maison pour prendre son repas de midi. À table, il dit alors à sa femme :

– Germaine, j'ai parlé ce matin avec Louis. J'pense que j'vais aussi devenir socialiste.

– Socialiste ? demande Germaine. Qu'est-ce que c'est ?

– Ben, c'est quand on a deux ânes et que Louis n'en a point. Si j'lui en donne un, eh ben, on en a un chacun. C'est ça la « redistribution équitable » et c'est bon pour tout le monde, répond Martin.

– Bouh diou, c'est ben compliqué tout ça, lui répond sa femme. J'vais y réfléchir.

Après quelques minutes, Germaine reprend :

– Dis, Martin, notre Louis… il a ben deux vaches. Et nous, on n'en a point. Si on lui donne un âne, y peut bien nous donner une vache. Qu'est-ce t'en penses ?

– Nom de Dieu, c'est ben vrai ça ! lui répond son mari.

Et il s'en retourne voir Louis.

– Dis, Louis, j'ai discuté avec Germaine. On veut ben devenir socialiste, mais elle dit qu't'as deux vaches. Si on t'donne un d'nos ânes, tu nous donnerais bien une de tes vaches ?

Louis le regarde quelque peu surpris et lui répond :

– Martin, ou bien je n'ai pas bien expliqué, ou bien tu ne m'as pas bien compris, mais le socialisme, ça ne marche qu'avec les ânes…

Bravo Hollande !

Deux petits vieux de droite discutent dans un café.

– Moi, je dis bravo à François Hollande, il est bien meilleur que nous !

– Oh, mais tu es fada ? Pourquoi tu dis ça ?

– Eh ! Il aura réussi là où la droite aura échoué, faire disparaître le PS.

Dernières volontés

Jean-Marie Le Pen, sur son lit de mort, appelle son notaire car au dernier moment, il veut refaire son testament…

– Maître, je veux laisser tout ce que je possède, comptes en banque, actions, titres de propriété, immeubles et tableaux de maîtres, je veux tout laisser à ma femme, mais avec une condition…

– Et quelle est-elle ? demande le notaire.

– Si elle veut tout hériter de moi, ma femme devra se remarier dans les six mois qui suivent ma mort !

Le notaire est assez surpris par la condition demandée par son client et il demande :

– C'est assez inhabituel comme condition. Vous avez une explication pour cela ?

– Oh oui ! répond Le Pen, c'est parce que de cette façon, je suis sûr qu'au moins une personne en France regrettera ma mort.

Alors le notaire commence à rédiger le nouvel acte… Et puis, Le Pen l'interrompt pour lui faire une recommandation de plus :

– Dans mes dernières volontés, ajoutez que je veux être incinéré et qu'ensuite mes cendres soient dispersées dans le désert algérien.

Le notaire à qui on ne la fait pas demande tout de suite pourquoi et Jean-Marie Le Pen répond :

– C'est juste pour le cas où ma fille Marine voudrait faire ce qu'elle a toujours dit qu'elle ferait à ma mort : danser sur ma tombe.

DSK président

Voici en exclusivité le slogan de DSK pour les élections de 2022.

« DSK président ! Quitte à se faire enculer, autant faire confiance à un spécialiste ! »

À gauche toute

Éric Zemmour demande à un passant le chemin pour se rendre au musée des Beaux-Arts. Le passant lui répond :

– Oh ! Je ne pense pas que vous puissiez y arriver, M. Zemmour. C'est à gauche !

JE ME SUIS PRIS UNE VESTE, MA CANDIDATURE N'A ÉTE QU'UNE PANTALONNADE...
ET C'EST LA DOUBLURE DE HOLLANDE QUI A RÉCUPÉRÉ LE COSTUME DE PRÉSIDENT...
Ranson

Achevé d'imprimer en France
par CPI Bussière
à Saint-Amand-Montrond (18)
Dépôt légal : septembre 2017
N° d'impression : 2031025